OSTBELGIEN

& die Deutschsprachige Gemeinschaft Belgiens

Ulrike Schwieren-Höger • Jörn Sackermann

OSTBELGIEN

& die Deutschsprachige Gemeinschaft Belgiens

Bilder • Spuren • Hintergründe

INHALT

VORWORT

Als Kind erschien mir Belgien als das aufregendste Land der Welt. Ein Land der verborgenen Wege und geheimnisvollen Dörfer, voll gepackt mit Kaffee. Mein Vater war Schmuggler. Nach Ende des Zweiten Weltkriegs schlich er mit Rucksäcken voller Werkzeug über die grüne Grenze bei Hauset und schleppte Säcke voller Kaffee zurück. Bei uns zu Hause war er ein Held, denn er erzählte jahrelang Geschichten über Belgien und seine Menschen, die ihm halfen zu überleben – in seiner eigenen brüchigen Welt.

Seitdem ich selbst ganz nah an der Grenze wohne, suche ich nach den abenteuerlichen Geschichten meiner Kindheit – bei jeder Fahrt übers Land. Doch auf den ersten Blick könnte Ostbelgien friedlicher nicht sein. Satt, grün und zufrieden streckt es sich weit bis zum Horizont, und seine Bewohner scheinen nur ihre häuslichen Probleme zu kennen: Die Straße muss gekehrt werden, das Dach ist undicht ...

Natürlich stimmt der erste Blick nicht. Wer, wie die Ostbelgier, immer mal wieder die Nationalität wechseln musste und die Barbarei der Ardennenoffensive ertragen hat, weiß, dass eine Grenzregion zum Albtraum werden kann und die Menschen entzweit: Diskussionen über Pro-Belgier und Pro-Deutsche griffen hier lange Zeit Geist und Herzen an. Die Frage nach der eigenen Identität und der kulturellen Selbstbestimmung beherrscht die Politik bis zum heutigen Tag.

Seitdem es in Belgien die Deutschsprachige Gemeinschaft gibt, gilt Deutsch als anerkannte Sprache, gleichberechtigt mit Französisch und Flämisch. Und manch einer wechselt mühelos den Wortschatz. Das könnte die Region zum Musterschüler für Europa machen. Doch unübersehbar sind vor allem im Süden Ostbelgiens Ortsschilder, auf denen die französischen Namen übersprüht sind ...

Dabei ist es in Ostbelgien mühelos möglich, durch Kultur- und Sprachzonen zu reisen. Das ist faszinierend: Wenige Meter hinter dem deutschsprachigen Bütgenbach präsentieren sich die Läden und Aushänge in Weismes französisch. Malerisch hinter Busch und Baum versteckte Dörfer wie Bruyères, Champagne und Gueuzaine haben nicht nur frankophile Namen, sie sind es auch.

Widersprüche über Widersprüche: In weiten Teilen des Landes ist die deutsche „Tagesschau" das Maß aller Dinge. Doch die Liebe zum Königshaus ist in Belgien nirgendwo so groß wie in Ostbelgien.

In Eupen regiert ein Ministerpräsident weitestgehend autonom eine „Deutschsprachige Gemeinschaft", die mit rund 72.000 Einwohnern der Größe einer Mittelstadt wie Düren entspricht. Das hat einen Grund: Belgien leistet sich – wie sein früherer Botschafter in Berlin, Dominique Struye de Swielande, süffisant sagt – die „doppelte Dreifaltigkeit" und treibt den

Föderalismus so weit, dass drei „Regionen" und drei „Gemeinschaften" das Sagen haben, die alle auf ihre Präsenz im Ausland pochen. Ist der Staat damit kurz vor der Auflösung – oder stärkt das seinen Zusammenhalt?

Wenn's so kompliziert wird, schalten die meisten Touristen ab und genießen einfach Ostbelgiens schönste Seiten: Das Hohe Venn bringt nicht nur Poeten in Verzückung; in seiner Schwermut und Tücke ist es ein stilles, wildes Refugium, in dem die Natur noch immer das letzte Wort hat. Für mich ist der Winter die beste Zeit: Wenn das Venn tief verschneit ist, wenn sich Skifahrer die kalten Hände reiben und – in vielerlei Sprachen schnatternd – über die Pisten rund ums „Haus Ternell" ziehen.

Malmedy, die lebensfrohe Stadt an der Warche, ist mit ihrer französisch anmutenden, heiteren Atmosphäre bestens geeignet, trübe Gedanken zu vertreiben.

Und wenn ich an der ostbelgischen Seenplatte genug habe von Schwimmern, Seglern und Paddlern, versäume ich nie, einen Blick auf Burg Reinhardstein zu werfen. So grandios ist ihre Lage, so malerisch ihr Bild!

Der Süden des Landes mit seinen Eifeldörfern und stillen Tälern ist Deutschland nicht nur durch grenzüberschreitende touristische Ideen ähnlich. Hüben wie drüben ist die Bevölkerung in tiefer Frömmigkeit verbunden, hier wie dort zählt altes Brauchtum, werden Legenden erzählt von tapferen Rittern; hier wie dort werden Wanderwochen angeboten und Radwandernetze ausgebaut: Einsam kann es hier sein und sehr abweisend, vor allem an kühlen Regentagen, wenn nur wenige Naturfreunde ihrer Wege stapfen und die dichten Wälder unwegsam erscheinen.

Die Vorliebe fürs gute Essen ist eine der schönsten Eigenschaften der Belgier – allerdings müssen wir Deutsche erst lernen, damit umzugehen. Wer kann ernsthaft behaupten, dass er stundenlang am Tisch sitzen und sich dabei vortrefflich unterhalten kann? Die Belgier – so scheint mir – können das, weil sie auch im Alltag Muße suchen, sich Zeit lassen, das Genießen gelernt haben und die guten Dinge des Lebens sehr ernst nehmen – zumindest meistens.

Manchmal kann ich meine Landsleute verstehen, die ihr Häuschen lieber gleich in Ostbelgien kaufen: Das Leben scheint mir hier ein wenig gelassener zu verlaufen. Die Kinder werden auch nachmittags in der Schule betreut. Und hinter dem Haus eines Freundes staune ich darüber, dass Nachbars Weg in die Garage über sein Grundstück läuft. Wie er mir versichert, ist das in Belgien gar nicht so selten, und es stört auch niemanden: Das spricht für Toleranz und Kompromissbereitschaft.

Da beides wichtige Tugenden sind, nehme ich immer zur Erinnerung daran ein Stück Ostbelgien mit nach Hause: Den Schinken aus Montenau, die Fassbutter aus Büllingen oder die sahnegefüllten Baisers aus Malmedy. Ich muss ja gottlob nichts mehr schmuggeln ...

Ulrike Schwieren-Höger

Geografie einer Landschaft

Wiege für eine bessere Welt?

Wie schmeckt die Erinnerung an Angst? Wie fühlen sich Kälte, Not und Gewalt an? Wo verstecken sich die verlorenen Träume? Die Veteranen der 99th Infanterie-Division haben Tränen in den Augen. Noch einmal sind sie, gebrechliche alte Männer, aufmarschiert am Ortsrand von Lanzerath. Die Faust auf der Brust, den Kopf gereckt, flüstern sie die Worte ihrer Nationalhymne, sammeln sich um ihre „Stars and Stripes". Das weite grüne Land zu ihren Füßen schweigt. Leise wiegen sich die Wipfel der Tannen. Keine Antwort – nirgends.

Was den Männern bleibt, ist ihr ganz persönlicher Rückblick auf den Dezember 1944, als sie in der „Battle of the Bulge" fernab der amerikanischen Heimat für ihr Land und gegen Nazideutschland kämpften. Was bleibt, ist ein Treffen im Mai 2005. Wehmütig und voller Trauer setzen sie in Lanzerath ein Denkmal, das einmal mehr an die Ardennenoffensive erinnern soll: Ein schlichter Stein mit einer Erinnerungstafel.

VORHERIGE SEITE:
Das weite, grüne Land schweigt: Winter oberhalb von Burg-Reuland

OBEN:
Die Hoffnung zerstob wie der Glaube an den Endsieg: US-Memorial Eric Wood im Ommerscheider Wald zwischen Meyerode und Eiterbach

RECHTE SEITE:
Ein Gemälde aus weißen Marmorkreuzen: Amerikanischer Soldatenfriedhof in Henri-Chapelle

Noch einmal lassen sie die Bilder vor ihren Augen abrollen: Die Ardennenoffensive tobte gegen Ende des Zweiten Weltkriegs im Osten Belgiens und in Teilen Luxemburgs. Es war das letzte Aufbäumen der deutschen Wehrmacht. Streng geheim gehalten und bewusst in winterliche Kälte gehüllt, sollte die Schlacht den deutschen Truppen an der Westfront wieder zum Erfolg verhelfen.

Die Hoffnung zerstob wie der Glaube an den Endsieg: In den Wäldern, in denen Kriegsberichterstatter Ernest Hemingway Drachen vermutete, lagen verstümmelte, erfrorene Soldaten; die Gesichter im Grauen gefroren, mit Dreck und Blut beschmiert. „Richtige Soldaten sagen keinem Menschen jemals, wie die eigenen Toten ausgesehen haben", schrieb Hemingway entsetzt.

A

17.236 Deutsche und 8.607 Amerikaner starben. Tausende Belgier zahlten nur deshalb mit ihrem Leben, weil ihr Land zum Schlachtfeld wurde. Überall im Land erinnern Mahnmale an die Grauen dieser Tage. Besonders eindrucksvoll: Ein Gemälde aus weißen Marmorkreuzen auf den Hügeln von Henri-Chapelle, das der amerikanischen Toten gedenkt.

Die Ardennenoffensive war das letzte blutige Fanal, das die Region erlebte. Eine makabre Bestätigung der These Napoleons: „Die Politik der Staaten liegt in ihrer Geografie begründet."

Schmal und bescheiden liegt Ostbelgien heute mitten in Europa. 854 Quadratkilometer groß, von Norden nach Süden 100 Kilometer lang, von Osten nach Westen 20 bis 30 Kilometer breit. Mit seinen rund 72.000 Einwohnern grenzt Ostbelgien an das Königreich der Niederlande, an die Bundesrepublik Deutschland und das Großherzogtum Luxemburg.

Im Norden liegt der dichter besiedelte, an große Verkehrsachsen angebundene Kanton Eupen mit den Gemeinden Eupen, Kelmis, Lontzen, Raeren und rund 43.000 Einwohnern; südlich des Hohen Venns der Kanton St. Vith mit den Gemeinden Amel, Büllingen, Burg-Reuland, Bütgenbach und St. Vith mit rund 29.000 Einwohnern. Amts-, Schul- und Gerichtssprache ist hier Deutsch.

Wie ein Keil schiebt sich der Kanton Malmedy mit den Orten Malmedy und Weismes mit rund 18.000 Einwohnern und der Naturschranke des Hohen Venns dazwischen und trennt die Deutschsprachige Gemeinschaft geografisch, denn hier wird französisch parliert.

Mancherorts wechseln die Sprachen auf einer Distanz von wenigen Metern: Steht in Bütgenbach noch Bäckerei über der Brötchenauslage, lädt in Weismes die „boulangerie" zum Brotkauf ein. Das Büro verwandelt sich in ein „bureau" und der Platz in einen „place". Auch die Häuser wechseln ihre Kleider: Bevorzugt Bütgenbach frisch Geweißtes, setzt Weismes auf bewährten Bruchstein, gut geschmückt mit Laub und roten Geranien.

Alles unter einen Hut zu bringen, kann schwierig sein – das zeigt schon die Namensgebung: Die einen sprechen von Ostkantonen, andere von Ostbelgien. Beide Begriffe wurden 1920 begründet, als die Annexion der vormals preußischen Kantone Eupen, Malmedy und

OBEN:
Blutiges Fanal: Denkmal für die Kriegsgefallenen in Malmedy

St. Vith an Belgien vom Völkerbund bestätigt wurde. Die Deutschsprachige Gemeinschaft zählt zu den Ostkantonen, doch sie ist nicht identisch mit ihnen: Malmedy und Weismes sind Teil der Französischen Gemeinschaft.

Angesichts dieser Vertracktheit ist es kein Wunder, dass bisher kein zündender Name für ganz Ostbelgien gefunden wurde: Ostkantone, Neubelgien, Grenzland, der Osten, Eupen-Malmedy, Eupen-Malmedy-St. Vith. Die spröde Belanglosigkeit aller Begriffe zeigt es schon: Es ist noch immer ein Land ohne Namen.

Ein Land allerdings, das geeignet sein könnte, das Herzstück eines friedlichen Europas zu sein. Genau dort, wo so oft blutige Schlachten tobten, könnte die Wiege für eine bessere Welt stehen. Ähnliche Träume, ähnliche Bräuche, ähnliche Legenden und Lebensbilder könnten der Kitt sein, der eine machtvolle Einheit bildet.

War es früher die karge Abgeschiedenheit des rauen Landes, die Eifel und Ardennen abschreckend machte, so hat sich dieser Nachteil heute in einen Vorteil gewandelt. Es gibt keine Großstädte und keine riesigen Industriegebiete; die Natur konnte in anrührender Schönheit gewahrt werden. Im Vergleich zu den Industrieregionen müssen sich nur wenige Menschen einen Quadratkilometer Land teilen, in der Region Burg-Reuland sind es statistisch gesehen gerade mal 35.

Eifel und Ardennen haben sich zu einem Ferienland entwickelt, das vor den Türen der Ballungszentren liegt und leicht erreichbar ist. Der Landstrich mit dem rauen Klima und der dichten Bewaldung auf einem Untergrund von Schiefer, Sandstein, Quarzit und Phyllit – kurzum: dieses unter landwirtschaftlichen Gesichtspunkten benachteiligte Gebiet – ist heute ein Musterland des sanften Tourismus.

Eingebettet in das Interreg-III-Programm der Euregio Maas-Rhein wird diese Entwicklung grenzüberschreitend gefördert. Hotels, Gasthöfe und Attraktionen sollen gemeinsam vermarktet werden. Standards stellen sicher, dass jeder Gast zufrieden ist. Rund 900.000 Euro sind zwischen 2003 und 2005 in dieses Projekt geflossen: Mit den friedlichen Mitteln des Tourismus wird eine Region neu erschlossen. Damit die Enkel dieses kriegsgebeutelten Landes eine bessere Zukunft haben.

OBEN:
Im Zentrum Europas: Schloss Bracht nahe Burg-Reuland

NÄCHSTE SEITE LINKS:
Jeder sucht einen Ausweg: Labyrinth am Dreiländerpunkt in Vaals

NÄCHSTE SEITE RECHTS:
Wo sich Belgien, Luxemburg und Deutschland vermählen: Die Georges-Wagner-Brücke über die Our am Dreiländerpunkt in Ouren

Zweimal drei Länder

Auf dem Vaalserberg, dem höchsten Punkt der Niederlande (322,5 Meter), stehen drei Grenzsteine – für das Königreich Belgien, die Bundesrepublik Deutschland und das Königreich der Niederlande. Klar erkennbar ist Ostbelgiens nördliches Dreiländereck. Der 50 Meter hohe Baudouin-Turm garantiert hier eine wunderbare Fernsicht übers Land. Eine weitere Attraktion ist das laut Eigenwerbung „größte Labyrinth" Europas, in dem jeder nach einem Ausweg suchen darf. Seitdem der indische Guru

Maharishi Mahesh Yogi im Oktober 2004 alle Aktien des vorigen Betreibers gekauft hat, ist der Dreiländerpunkt zudem eine Anlaufstelle für die Jünger der transzendentalen Meditation, die hier „den Weltfrieden" herbeimeditieren möchten.

Im Süden Ostbelgiens markiert das Europadenkmal in Ouren ebenfalls ein Dreiländereck, 336 Meter hoch. Hier treffen sich Belgien, Luxemburg und Deutschland.

Geschichte

Immer mal wieder ein neues Vaterland

Radio „Contact" aus Eupen dudelt Hits; dazwischen Werbung auf Deutsch und Französisch. In Büllingen sind die französischen Ortsnamen überpinselt. Das Ardenner Center, hart auf der Grenze, hat zwei Adressen und zwei Telefonnummern; eine belgische und eine deutsche. Am Ortsrand von Losheim trägt ein Balkon, ganz rustikal und bayerisch, die Worte: „Deutsches Haus in deutschem Land, beschütz' es Herr mit starker Hand." In Stockem, am Rand von Eupen, verwittern zwei alte preußisch-belgische Grenzsteine, einer ist mit Stacheldraht umwickelt und Stütze für einen Kuhzaun.

Alltag in Ostbelgien. Alltag in den Ostkantonen. Alltag für rund 90.000 Menschen, die einiges verkraften mussten. Kriege wurden auch anderswo erlitten; Hunger, Not und Diktaturen auch. Doch wer hier lebte, bekam mit den Herrschern immer mal wieder ein neues Vaterland verpasst: Allein im vergangenen Jahrhundert wurden viermal die Pässe, die Fahnen, die Nationalhymnen und die Uniformen ge-

Selbst in der wallonischen Stadt Malmedy lernen die Erstklässler nun ein neues, sehr deutsches Gedicht: „Der Kaiser ist ein lieber Mann, er wohnet in Berlin. Und wär' es nicht so weit von hier, so ging ich heut' noch hin." Am 27. Januar, zu Kaiser Wilhelms Geburtstag, gibt's den „Kaiserweck", dazu ein fröhliches Gesicht des Lehrers – und schulfrei.

Vor allem in der „preußischen Wallonie", in Malmedy, Robertville und Weismes, gärt der Hass. In ihrem 1906 erschienen Eifelroman „Das Haus im Moor" porträtiert Nanny Lambrecht den knorrig-stolzen Bauern, der „dickschädelig" und „starrköpfig" die neuen Herren sabotiert: „Das Dorf ist wie verkauft, man fühlt sich fremd in seinem eigenen Haus", klagt er und kämpft gegen alles Deutsche, alles Fremde, jede Einmischung von außen.

Ganz anders die Lage in Neutral-Moresnet (Kelmis). Begehrt wegen seines wertvollen Galmeivorkommens wird das nur 344 Hektar kleine Ländchen 1815 neutral und dient gleich zwei Herren, den Preußen und den Niederländern (ab 1830 Preußen und Belgiern), die eine skurrile Doppelverwaltung einrichten.

Der Erste Weltkrieg bringt Elend und Leid. Die Eupen-Malmedyer kämpfen für Preußen und verlieren mit Preußen. Durch den Friedensvertrag von Versailles 1919 wird das Gebiet den Belgiern zugeschlagen – und mit ihm seine Bewohner. Zwar sollen sie bei einer Volksbefragung das Vaterland ihrer Wahl nennen, doch die Aktion geht als „Farce" in die Ge-

wechselt. Jede Region im 854 Quadratkilometer großen Ostbelgien hat schon einmal dem Nachbarn gehört.

Ein Blick ins Mittelalter zeigt ein zerrissenes Bild des Ländchens und viele Herren: Bis 1794 zählt das Eupener Gebiet – von Einsprengeln wie Lontzen abgesehen, das dem Aachener Marienstift gehört – zum Herzogtum Limburg. St. Vith untersteht Luxemburg; Manderfeld-Schönberg dem Kurfürstentum Trier. Der Kreis Malmedy gehört in Teilen zu Luxemburg, zur Fürstabtei Stavelot-Malmedy und zu Kur-Trier.

Napoleon eint erobernd und kraftstrotzend das Gebiet unter Frankreichs Fahnen. Doch nach seinem Abgesang wird das Spiel neu gemischt: Der Wiener Kongress will Eupener Land und Eifel preußisch sehen, dazu noch Malmedy, die „Zwillingsschwester" von Stavelot. Auf Sprach- oder Volksgrenzen, geschweige denn auf die Bewohner, nimmt niemand Rücksicht.

VORHERIGE SEITE:
„Ja" zu Europa: Sitz der Regierung der Deutschsprachigen Gemeinschaft an der Klötzerbahn in Eupen

OBEN:
Heitere Gelassenheit: Blumenmarkt an der Kathedrale von Malmedy

RECHTE SEITE:
„Es ist noch nicht über alles Gras gewachsen": Kriegerdenkmal auf dem Werthplatz in Eupen

schichte ein. Aus Angst vor Repressalien tragen sich von 33.726 Stimmberechtigten nur 271 in die Protestlisten ein. Viele verlassen lieber das Land Richtung Aachen, darunter auch viele Lehrer. Ihre Nachfolger sprechen kaum Deutsch. Es gärt im Volk: Stimmen, die einen Anschluss an Deutschland fordern, werden immer lauter. Vor allem nach 1933 gelingt es den Nazis, diese Stimmung in „Neubelgien" zu nutzen. Unter dem Deckmantel der „Heimattreuen Front (HF)" erwacht eine Vereinigung, organisiert nach dem Vorbild der NSDAP und kontrolliert von der Gauleitung in Köln. Sie hat Erfolg: Im Eupener Stadtrat hat die HF die absolute Mehrheit. Gegenspieler ist die „Vaterstädtische Wählervereinigung", die für das Selbstbestimmungsrecht der Eupen-Malmedyer eintritt. Unter diesen Vorzeichen wird der Einmarsch der Wehrmacht am 10. Mai 1940 von vielen Einwohnern enthusiastisch begrüßt. Begeisterte Menschen stehen mit Kaffee und Kuchen am Straßenrand und umarmen selig lachend die Soldaten. Am Eupener Rathaus hängt ein Transparent: „Führer, wir danken Dir".

Die Stimmung ändert sich, als immer mehr ostbelgische Männer zum Wehrdienst eingezogen werden. In seinem Film „Es ist noch nicht über alles Gras gewachsen" schildert der Eifeler Filmemacher Dietrich Schubert die Zerrissenheit der Bevölkerung: Da ist Briefträger Paul Drösch, der in den Untergrund geht und belgischer Widerstandskämpfer wird. Da ist Pfarrer Dr. Hermann Schumacher, der meint, er säße „auf der Spitze eines trockenen Astes, der jeden Augenblick abbrechen kann"; denn

OBEN:
Ein Ländchen für zwei Herren: Maria-Himmelfahrtskirche und Siegessäule in Kelmis

RECHTE SEITE:
Seit 1983 wird direkt gewählt: Das Parlament der Deutschsprachigen Gemeinschaft am Kaperberg in Eupen

seinen Gottesdienst besuchen „Zuhörer und Mitschreiber", bereit, jedes falsche Wort zu melden. Da ist Johannes Richter, der unter Einsatz seines Lebens Menschen über die grüne Grenze schmuggelt, und da sind viele, die sich zu den Nazis bekennen. Tiefe Gräben klaffen zwischen den „Pro-Belgischen" und den „Pro-Deutschen". Die einen möchten zurück nach Belgien, die anderen wollen Deutschland angehören.

Dann tobt der Krieg, und seine Bilanz ist verheerend: 3.200 der 8.700 zur Wehrmacht berufenen jungen ostbelgischen Männer fallen an der Front, werden vermisst oder sterben in Gefangenschaft. St. Vith und zahlreiche Eifeldörfer werden Ende 1944 während der Ardennenoffensive völlig zerstört. Auch Malmedy erlebt schwerste Bombardierungen.

Mit Kriegsende am 8. Mai 1945 rückt mit den Amerikanern die belgische „Armée blanche" ein. Ursprünglich von Widerstandskämpfern und belgischen Patrioten gegründet, hat sie auch Männer in ihren Reihen, die auf Rache sinnen und offene Rechnungen begleichen wollen. Eine Säuberungswelle gegen vermeintliche und tatsächliche Mittäter des Naziregimes beutelt das Land. Mancher Mann, gerade aus alliierter Gefangenschaft entlassen, kommt in belgisches Gewahrsam. Verhaftungen von Frauen und Jugendlichen gehören zum Alltag. Den ehemaligen Wehrmachtssoldaten wird vorgeworfen, als Kollaborateure die Uniform des Feindes getragen zu haben. Nahezu jeder dritte erwachsene Einwohner der Ostkantone kommt vor Gericht. Die deutsche Sprache ist verpönt.

Doch mit den Jahren schlägt die Stimmung um. Ursache dafür ist ausgerechnet der Sprachenstreit zwischen Flamen und Wallonen, der so heftig geführt wird, dass deutlich wird: Die Einheit Belgiens hat nur dann eine Chance, wenn den Forderungen der Flamen nach mehr Eigenständigkeit nachgegeben wird.

Ab Mitte der 60er-Jahre wird Belgien von einem Zentralstaat in einen „Föderalstaat" umgewandelt. Davon profitieren auch die Deutschsprachigen im Osten des Landes, denen ebenso wie Flamen und Wallonen eine Sprachengemeinschaft zugebilligt wird. „Kein Mauerfall, keine Montagsdemonstrationen, keine Nelkenrevolution – der Enzian der Gemeinschaftsflagge spross per Dekret", formuliert es süffisant der Redakteur des Belgischen Rundfunks Frederik Schunck. Obwohl das Gebiet staatsrechtlich Teil der französischsprachigen Wallonie ist, haben die deutschsprachigen Belgier heute ein hohes Maß an kultureller Eigenständigkeit. Selbst in Fragen der internationalen Zusammenarbeit kommt heute niemand mehr am kleinen östlichen Grenzland vorbei.

Als Belgien im Juni 2005 aufgerufen war, über die EU-Verfassung abzustimmen, kommt es auch auf die Stimme der Deutschsprachigen Gemeinschaft an. Das Votum des winzigen Landstrichs ist eindeutig: „Ja" zu Europa.

Politischer Steckbrief: Ein kompliziertes System

So kompliziert ist das belgische Staatsgefüge, dass die „Wallonische Region" offensichtlich vermutet, dass selbst die Bürger in Belgien Probleme haben könnten, es zu verstehen. „Im welchem Staat leben wir? Belgien entschlüsseln" heißt eine Broschüre, die – verziert mit sechs Schlüsseln – die Zusammenhänge erläutert.

In kurzen Worten bietet sich folgendes Bild Belgiens:

„Belgien ist ein Föderalstaat". Mit diesen Worten beginnt der erste Artikel der belgischen Verfassung. Der Weg dorthin war mühevoll und steinig und wurde zwischen 1993 und 1994 mit der vierten großen Staatsreform vollendet.

Der belgische Föderalstaat setzt sich aus verschiedenen, voneinander unabhängigen Teil- und Körperschaften zusammen, die Gemeinschaften und Regionen genannt werden. Es gibt die Flämische Gemeinschaft, die Französische Gemeinschaft und die Deutschsprachige Gemeinschaft; es gibt zudem die Flämische Region, die Region Brüssel-Hauptstadt und die Wallonische Region. Jede Region entspricht einem geografischen Gebiet und jede Gemeinschaft einem Sprachgebiet. Besonders verwirrend: Regionen und Gemeinschaften haben jeweils einen eigenen Rat und eine eigene Regierung, wobei in Flandern die Region und Gemeinschaft fusioniert sind.

Zudem trifft der Föderalstaat, gleichbedeutend mit dem früheren Zentralstaat, Entscheidungen, die alle Einwohner Belgiens – ganz gleich, wo sie wohnen und welche Sprache sie sprechen – angehen.

Die Deutschsprachige Gemeinschaft mit dem Regierungssitz in Eupen wird seit 1983 direkt gewählt. Ministerpräsident und Minister sind zuständig für Beschäftigung, Unterricht, Kultur und Tourismus, Jugend, Familie, Gesundheit und Soziales. Gleichzeitig ist die Deutschsprachige Gemeinschaft Teil der Wallonischen Region, die eigene Befugnisse hat.

Ostbelgien umfasst die Gemeinden der „Deutschsprachigen Gemeinschaft" Amel, Büllingen, Bütgenbach, Burg-Reuland, Eupen, Kelmis, Lontzen, Raeren und St. Vith. Die Ostkantone zählen zudem die wallonischen Orte Malmedy und Weismes hinzu.

Die Deutschsprachige Gemeinschaft ist außerdem Teil der Provinz Lüttich.

Menschen und Identität

Vom Glück im selbst gebauten Käfig

Düstere Wolken bedrucken den Himmel, nur wenige Sonnenstrahlen beleuchten das Ländchen von Walhorn. Hecken, Baumgruppen, Felder – durchwirkt von Höfen und Butterblumen. Prächtig ist die Sicht vom Galgenrest oben am Johberg, wo 1763 drei Frauen – Stoßgebete auf den Lippen – ihr Leben lassen mussten ...

„Kann ich Ihnen helfen?", schreckt mich eine Stimme aus der Melancholie. In seinem Garten harkt ein Rentner Frühjahrsblüten; Neugier führt das Wort. „Ich will sehen, wie man hier früher sterben musste", antworte ich – und dann versöhnlich: „Welch eine Aussicht! Wunderbar!" – „Verraten Sie bloß nicht, wie schön es hier ist. Sonst ziehen noch mehr hierher." Sorgenfalten auf der Stirn, schaut er auf die schmucken Häuschen ringsum, die das alte Walhorn wie einen Gürtel umgeben. Propere Vorgärten erzählen vom Stolz ihrer Besitzer, Fenster und Rahmen poliert, die Straße gefegt, Kapelle und Kreuzweg blumengeschmückt.

VORHERIGE SEITE:
Welch eine Aussicht: Landschaft bei Walhorn-Lontzen

OBEN:
Sprache und Kulturen vermischen sich: Straßenschilder in Kelmis

Die Belgier, mit „einem Ziegelstein im Bauch" geboren, zieht's traditionell ins eigene Haus. Und traditionell bieten die Banken günstige Hypothekenzinsen. Bauland und Handwerker sind noch immer vergleichsweise preiswert. Das hat sich auch in Deutschland herumgesprochen. Rund 11.000 der 72.000 Menschen der Deutschsprachigen Gemeinschaft sind Pendler, die sich fast allesamt im Norden Ostbelgiens angesiedelt haben.

Sie freuen sich, dass der belgische „Aldi" sogar Muscheln anbietet, entdecken, dass ein Supermarkt zum Dorfbrunnen werden kann, wenn Verkäufer und Kunde die Neuheiten des Tages austauschen, kämpfen zähneknirschend mit Steuer- und Krankenkassenproblemen oder den manchmal unergründlichen Wegen der Bürokratie, weil sie die ländliche Idylle ihres belgischen Domizils nahe Aachen nicht mehr missen möchten.

Raeren zum Beispiel ist in alle Richtungen gewuchert. Immer schön den Straßen entlang zieht sich Einfamilienhaus an Einfamilienhaus so weit verzweigt ins Gelände, dass manch einer das Zentrum kaum noch findet. In Hergenrath suchen Immobilienhändler per Schild sofort am Grundstück nach Käufern – gern auch aus Deutschland.

Wie in kaum einem anderen Land vermischen sich in Ostbelgien die Menschen des Grenzraums und ihre Kulturen. Manchmal klappt das prächtig. „Willkommen in Kelmis – Bienvenu à la Calamine", begrüßt die kleine Gemeinde, neun Kilometer von Aachen entfernt, ihre Besucher: Hier sind zwei Sprachen alltäglich. Wer will, kann den Nachwuchs schon im Kindergarten Deutsch und Französisch parlieren lassen. Im César-Franck-Athenäum kommen französisch- und deutschsprachige Schüler im Rahmen von Projektwochen zusammen. Die Kinder unterstützen sich gegenseitig und lernen spielerisch voneinander.

„Das ist unsere Trumpfkarte", sagt Bürgermeister Mathieu Grosch. Als Abgeordneter des Europäischen Parlaments hat er die Mehrsprachigkeit zum Ziel erklärt. Nicht ohne Eigennutz: „Wir haben eine Arbeitslosenquote von rund sechs Prozent. Würden unsere Bürger nicht Französisch und Deutsch sprechen, lägen wir bei elf oder zwölf Prozent", sagt Grosch – den deutschen und den belgisch-französischen Arbeitsmarkt im Visier. Schließlich sind Städte wie Aachen, Verviers und Lüttich im Halbstundentakt erreichbar.

Dieses Denken ist nicht selbstverständlich. Im Gegenteil: Die Menschen im bäuerlich geprägten Süden Ostbelgiens kleben an ihrer Scholle, setzen auf Familienbande, Nachbarschaftshilfe und die Liebe zur engsten Heimat. Veränderungen brauchen Zeit. Frauen haben es noch immer schwer, sich in der Politik durchzusetzen. Kinder, Küche, Kirche sind für viele die drei K, die ihr Leben bestimmen.

So unterschiedlich sind manchmal die Ansichten und Lebensweisen zwischen dem Norden und dem Süden Ostbelgiens, dass die Tageszeitung „La Libre Belgique" unkt, die Deutschsprachige Gemeinschaft sei eher eine Schicksals-

gemeinschaft denn eine Gemeinschaft. Haben schon die Deutschsprachigen ihre Probleme miteinander, wundert es nicht, dass die Verbindung zum französischsprachigen Malmedy noch schwieriger ist, denn hier müssen auch noch Mentalitätsgrenzen überschritten werden: Im Gegensatz zum oft nüchternen Ernst in Ostbelgien herrscht in Weismes und Malmedy ein heiter anmutendes „Savoir vivre"; die viel zitierte Grenze zwischen der germanischen und romanischen Kultur ist nicht leicht zu überspringen. Das zeigt sich auch im Alltag: Der Direktor des Verkehrsamtes der Ostkantone in St. Vith, Manfred Dahmen, bekennt, nur mit Mühe einen Lehrling gefunden zu haben, der fließend Deutsch und Französisch spricht. „Es ist schlecht für Ostbelgien, wenn wir uns zu sehr auf uns und die deutsche Sprache konzentrieren. Touristen schätzen gerade das internationale Flair, das Orte wie Malmedy und Weismes umgibt."

OBEN:
Schon im Kindergarten wird Deutsch und Französisch parliert: Die Straße von Aachen nach Lüttich in Kelmis

OBEN:
Mehr Macht, mehr Anspruch, mehr Straßenbau: Zwischen Honsfeld und Holzheim nahe Büllingen

Das sehen nicht alle so. „Von der Wallonie sind wir durch die Sprache getrennt. Und die Ostbelgier werden nie Wallonen werden wollen. Sicher auch, weil man nach dem Krieg versucht hat, uns zu Wallonen zu machen", sagt der ehemalige Leiter der Raiffeisenkasse Meyerode, Nikolaus Giebels, im Bildband „Ostbelgien. Menschen, Landschaft, Kultur, Brauchtum". So ähnlich empfinden es viele. Zu wissen, was man nicht ist – „nicht Deutscher, nicht Wallone" –, ist oft der größte gemeinsame Nenner.

Und die Politik? Ministerpräsident der Deutschsprachigen Gemeinschaft Belgiens ist Karl-Heinz Lambertz – ein echter Ministerpräsident, seit sechs Jahren. Er spricht für die Einwohner der Deutschsprachigen Gemeinschaft, für die 0,7 Prozent der belgischen Minderheit. Er spricht mit Macht, seine Worte finden Gehör im In- und Ausland.

Seit das Stichwort „Identität" die Runde macht und Lambertz den Standort Ostbelgien zur „Schicksalsfrage" erklärt hat, mehren sich die Diskussionen. Der Hintergrund: Die Deutschsprachige Gemeinschaft mit dem flotten Kürzel DG ist verwoben in einen komplizierten verfassungstechnischen Kompromiss, der ihr Souveränität, ein eigenes Parlament mit Regierungschef und Ministern, kulturelle Autonomie mit Deutsch als Hauptsprache und die alleinige Zuständigkeit für Bildungs-, Kultur-, Beschäftigungs- und Sozialpolitik im Lande garantiert. Nicht zuletzt hat die DG mit der deutschsprachigen Tageszeitung „Grenz-Echo" und dem „Belgischen Rundfunk" kompetente Sprachrohre.

Andererseits ist die Deutschsprachige Gemeinschaft auf wirtschaftlicher Ebene Teil der Wallonischen Region. Das bringt hin und wieder Probleme und Kompetenzgerangel mit sich: So fordern Eupener Unternehmer beispielsweise seit Jahren an der Autobahn nach Lüttich direkte Aus- und Abfahrten, die über eine Verbindungsstraße die Industriegebiete von Eupen und Welkenraedt zugänglicher machen und die stets verstopfte Herbesthaler Straße entlasten.

Bisher mit so wenig Erfolg, dass selbst das gemäßigte „Grenz-Echo" ungewohnt scharf wird: „Den Unternehmensleitern ist das Ränkespiel in der Regierung der Wallonischen Region, wo André Antoine (zuständig für die Ausstattung der Gewerbeflächen) und Michel Daerden (zuständig für den Straßenbau) sich den Ball gegenseitig zuspielen, ein Dorn im Auge. Diese Hinhaltetaktik soll ein Ende haben."

Mit mehr Einfluss und Macht: Die DG möchte künftig im belgischen Staatsgefüge eine noch stärkere Rolle spielen und der Wallonischen Region in Namur zusätzliche Kompetenzen abtrotzen, etwa für den Straßenbau und die Landwirtschaft. Die kommunale Selbstverwaltung gehört mittlerweile ebenfalls zu den Kompetenzen der DG. „Für uns ist es wichtig, dass wir noch mehr auf uns aufmerksam machen", sagt Lambertz. Für die laufende Legislaturperiode hat er das Motto „Standort DG – Ostbelgien leben" ausgerufen. Klares Ziel: „Den Platz im belgischen Staat zu behaupten und weiterzuentwickeln."

Einigen wird das zu viel: Energischen Widerspruch erntet der Ministerpräsident von Freddy Derwahl, Redakteur des Belgischen Rundfunks und Autor zahlreicher Bücher. Schon das Wort „Identität“ erscheint ihm als „wagnerianischer, schwermütiger“ Begriff: „Wollen wir im zusammenwachsenden Europa rund 70.000 Leute in einen selbst erbauten Käfig setzen mit einem Ministerpräsidenten, Ministern und 150 bis 200 Vollzeitbeamten?“, fragt er provokativ und kritisiert die Nadelstiche, die immer mal wieder gegen die Wallonen gestreut werden in dieser ostbelgischen „kleinen Welt des Schweigens“, die sich selbst zu genügen scheint.

Vor Jahren hat Derwahl sich Feinde gemacht, als er aufdeckte, dass die in Düsseldorf ansässige und offenbar rechtslastige „Hermann-Niermann-Stiftung“ enge Verbindungen zu einflussreichen Ostbelgiern geknüpft hatte. Und auch jetzt verwahrt er sich energisch gegen jeden Versuch, einen „kafkaesken Kleinstaat mit eigenen Hoheitsrechten“ einzurichten, in dem

OBEN:
Im selbst gebauten Käfig: Rathaus und Klosterkirche in Eupen

„ab 20 Uhr die deutsche Tagesschau" regiert und Freigeister nicht mehr denken und atmen können, wie es ihnen passt.

Tatsächlich sind die deutschen Einflüsse in Ostbelgien groß; selbst bei scheinbar banalen Freizeitvergnügen. Wenn in Eupen der „Musik-Marathon" 10.000 Besucher anzieht, stehen vor allem deutsche Künstler auf der Bühne. René Janssen, Geschäftsführer des Veranstalters Chudoscnik Sunergia, begründet das im „Grenz-Echo": „Da in unseren Breitengraden zum Großteil deutsches Fernsehen geschaut wird, sind die Namen deutscher Künstler wesentlich präsenter. Wir kennen die belgischen ganz einfach schlechter ..."

Die Kinder wachsen mit deutschen Schulbüchern auf, viele zieht es zum Studium nach Deutschland, und deutsche Politiker sind bekannter als belgische. Andererseits wird Deutschland von vielen argwöhnisch betrachtet, und die Zugehörigkeit zum Königreich ist den meisten überaus wichtig.

Diese verschiedenen Strömungen können auch von Vorteil sein. Sehr bewusst nutzt Marcel Cremer mit seinem Theater AGORA in St. Vith den Grenzraum für seine Theaterproduktionen in deutscher, flämischer und französischer Sprache. Im Projekt „Mobile" soll die Theaterarbeit mit den umliegenden Ländern verknüpft werden und in einen aktiven Austausch von Erfahrungen und Meinungen münden.

Auch junge Autoren beschäftigt das Thema „Identität". In dem Buch „Wer bist du?" spricht manch einer klare

Worte: „Es gibt und gab nie einheitliche, völlig reine Kulturen und Identitäten. Sie haben sich im Laufe der Geschichte immer wieder gegenseitig befruchtet", schreibt Adrian Küchenberg. „Wer aber, als Reaktion auf das Widersprüchliche, die Reinform fordert und die Mischung nicht erträgt, der erhebt gelegentlich Ansprüche und Forderungen, die ihn momentan vielleicht zu schützen scheinen, die ihn auf Dauer aber zu einem Krüppel werden lassen, weil er alles ‚Unreine', alles andere verneint, verdrängt und, im schlimmsten Fall, vernichtet ... Trauen wir uns endlich, nicht nur äußerlich, sondern auch innerlich, eine dynamische Kultur zu leben. Und die bedeutet immer schon, dazu sollten wir stehen dürfen, Multikultur."

Autor Serge Demonthy sagt es noch einfacher: „Früher, da hatte ich richtig einen Komplex, im Ausland war ich der kleine Belgier und im Inland der kleine Deutschsprachige. Aber heute ist mir das ganz egal ... Ich weiß, wer ich bin, ich weiß, was ich kann und ich weiß, wo ich herkomme."

Auch Sofie Decoster, Studentin an einer Übersetzerhochschule in Brüssel, entdeckte bei ihren Untersuchungen zur Identität der Bewohner der kleinen Deutschsprachigen Gemeinschaft Überraschendes: Identitätsfrage und die Autonomieerweiterung sind vor allem für die Politiker wichtig; nicht aber für die Bevölkerung. Der Grund: Menschen entwickeln ihre Identität nicht allein über Sprache, Geschichte und Kultur. Ebenso sehr zählen für sie: Persönliches Schicksal, Familie und Freunde.

Das wussten schon die alten Römer, die dafür einen treffenden Spruch fanden: „Ubi bene, ibi patria": Wo es mir gut geht, da ist mein Vaterland.

LINKE SEITE:
Umjubelt werden deutsche Künstler: „Musikmarathon" in der Gospertstraße in Eupen

OBEN:
„Wo es mir gut geht, ist mein Vaterland": Junge Leute beim „Musikmarathon" auf dem Werthplatz

Eupen, Malmedy, St. Vith

Gekommen, um zu bleiben

Drähte, Bildschirme, Computer – elektronischer Schrott blockiert Boden und Wände. Wie aufgewickelte Wollknäuel ziehen sich Kabel durch den Raum, behindern das Gehen, versperren die Sicht. Auf der 51. Biennale in Venedig ist der belgische Pavillon Sinnbild einer Welt, die – unsicher, ob sie Blüte oder Krise entgegensteuert – nur eines weiß: Die Elektronik verändert unser Leben.

Eupen, die Heimat der Kabelwerke, kann das recht sein. Mit 915 Angestellten und einem Umsatz von 215 Millionen Euro im Jahr ist die Kabelwerk Eupen AG der größte private Arbeitgeber in Ostbelgien. Sie pflastert die Unterstadt mit weitläufigen Hallen und setzt eine Tradition fort, die an den Ufern von Hill und Weser seit Generationen für Brot und Arbeit sorgt.

Seit dem 17. Jahrhundert stehen hier Fabrikhallen, rauchen Schornsteine, trösten sich Arbeiter nach hartem Tagwerk bei einem Bier. Zwar ist das „Schmuddelkind" Unterstadt mitt-

lerweile saniert und herausgeputzt, doch es scheint aussichtslos, mit der Oberstadt in Konkurrenz zu treten. Zu unterschiedlich ist das Erbe der beiden städtischen „Schwestern".

Hoch oben in Eupen lebten und handelten die feinen Herren des Tuches, die im 18. Jahrhundert ihre Manufakturen errichteten und die Zeitgenossen das Staunen lehrten: „Eupen, das vor 40 Jahren nur ein elendes Dorf mit Strohdächern war, ähnelt heute eher einer Hauptstadt. Man baut dort jedes Jahr große und moderne Häuser nach neuester Mode, die auch Paris zur Zierde gereichen würden. Diese Ortschaft zählt 550 Tuchgewerbe", schreibt Poupard de Neuflize 1755 dem französischen König Ludwig XV.

VORHERIGE SEITE:
Ein heiter anmutendes „Savoir vivre": Weihnachtsmarkt auf dem Place Albert I. in Malmedy

OBEN:
Hallen pflastern die Unterstadt: Blick von der Moorenhöhe in Eupen auf das Kabelwerk

RECHTE SEITE:
Das Schmuddelkind ist fein saniert: Blick auf die Unterstadt von Eupen

ABDIJBIER
ABBAYE

Zufriedene Bürgerlichkeit in den Straßen: Auf dem Marktplatz in Eupen

OBEN:
Auf den Spuren der Tuchmacher: Die Friedenskirche an der Klötzerbahn.

RECHTE SEITE:
Die Exzellenzen und Präsidenten halten Hof: Haus „Alte Herrlichkeit“ in der Gospertstraße

Einer der größten Tuchbarone war der Vervierser Kaufmann André Grand Ry, dessen Familie zwei Jahrhunderte lang alles besaß, was weltliche und kirchliche Macht boten: Prälaten, Bürgermeister, Abgeordnete – die Familienmitglieder hatten viele Talente und den hohen Ämtern entsprechende Häuser: Am Werthplatz residierte Andrés Sohn Johann Aegidius Grand Ry im Haus „de poorte“, das heutige Haus Signon. Bruder Andreas kaufte ein stattliches Herrenpalais am Marktplatz. Der vierte der fünf Söhne, Nikolaus Joseph, baute 1760 an der Klötzerbahn einen Palast, der noch immer weit und breit seinesgleichen sucht. Ganz im Stil der französischen Hofanlage komponiert, öffnet sich der dreiflügelige Ziegelbau zur Straße hin. Baumeister war Johann Joseph Couven, das Genie des Grenzlandes.

Wer auf den Spuren der Tuchmacher wandeln möchte, sollte über die Gospertstraße bummeln. Wo früher ein offener Bach durchs Städtchen plätscherte, reihen sich herrliche Kaufmannshäuser, und im Stadtmuseum ist ein neugieriger Blick in die Wohnung einer Eupener Familie aus dem 18. Jahrhundert gestattet.

Selbst in der Nikolauskirche, dem Wahrzeichen der Stadt, sind die Tuchbarone präsent: Die eingeschnitzten Namen auf den Kirchenbänken stellen alle Prominenten vor, die früher das Sagen hatten. Herzstück des 1724 bis 1729 von Mefferdatis erbauten Gotteshauses ist ein prächtiger Hochaltar, der ebenfalls nach Couven-Plänen entstanden ist.

Draußen in den Straßen nistet zufriedene Bürgerlichkeit. Viele schöne Häuser sind von Ministerien und Regierungsstellen, von Behörden und Institutionen belegt. Ein flüchtiger Spaziergänger könnte den Eindruck gewinnen, Eupens Innenstadt sei überwiegend von Beamten bevölkert. Seit 1973 halten die Exzellenzen und Präsidenten hier Hof, denn damals zog Eupen in die Geschichtsbücher ein und wurde zur Hauptstadt der Deutschsprachigen Gemeinschaft Belgiens gekürt: Das prächtige Patrizierhaus der Grand Ry an der Klötzerbahn bietet seitdem das stattliche Ambiente für die Regierung, und manch einer unkt, nirgendwo sei es so einfach, einen leibhaftigen Ministerpräsidenten zu treffen wie hier im beschaulichen Eupen.

Wie anders dagegen ist Malmedy. Wer sich dem Städtchen übers Venn nähert,

Wo einst ein Bach durchs Städtchen plätscherte: Häuser in der Gospertstraße

ACHTUNG!
ATTENTION!

Die Kirchenbänke
verraten, wer das Sagen
hatte: In der Eupener
St. Nikolauskirche

fährt abwärts wie in einen Dschungel. Dicht bewaldete Berge scheinen die Straße zu verschlucken, und der heilige Remaclus kommt in Erinnerung, der einst in diesem wilden düsteren Grün unerschrocken seine Missionsarbeit begann.

Ganz und gar nicht düster ist der erste Eindruck. Im Sommer baumeln Blumenkörbe am Pavillon und in den Einkaufsstraßen, das Rathaus und sogar der Justizpalast im wilhelminischen Stil wirken verspielt. Selbst die herrliche Kathedrale St. Peter und Paul mit ihrer strengen Renaissancefassade, den Doppeltürmen und dem prächtigen Marmoraltar sowie das Abteigebäude scheinen sich ein wenig zurückzuhalten angesichts des entspannten Treibens vor ihren Portalen.

Am Sonntagabend trifft sich ganz Malmedy wie in einem Wohnzimmer auf dem Place Albert I. und plaudert in Kneipen und Straßencafés über die Probleme und Freuden des Wochenendes. Heiter, gastfreundlich, kleinstädtisch wirkt der Ort. So etwas gefällt den Touristen: Sie haben Malmedy zum Lieblingsziel in den Ostkantonen erklärt, und die Stadt dankt es ihnen mit einer neuen Idee: Mehrmals im Jahr empfängt Gästeführer Gaetan Plein, in der Kutte der Benediktiner mehrsprachig parlierend, die Besucher und drückt ihnen ein „Road book“ in die Hand, das ihnen eine Menge Fragen stellt über die Geschichte von Malmedy: Die war nicht immer gut. Der Machtkampf zwischen den Abteien Stavelot und Malmedy war lang und zermürbend. Zu Kaiser Wilhelms Zeiten wurde das Städtchen zum exotischen

OBEN:
Heiter, gastfreundlich, kleinstädtisch: Der Obelisk auf dem Place Albert I. in Malmedy

RECHTE SEITE:
Unverwüstliche Bereitschaft, Feste zu feiern: Bei der Maria-Himmelfahrts-Parade werden mit 10.000 Eiern Riesenomeletts gebacken

FREJUS
FREJUS
FREJUS

OBEN:
Französischsprachiges Aushängeschild: Blick von der Warchebrücke zur Kathedrale in Malmedy

RECHTE SEITE:
Machtvoll und erhaben: Die Kathedrale St. Peter und Paul in Malmedy

französischsprachigen Aushängeschild erklärt, und nach kurzem Atemholen zwischen den Weltkriegen hatte Hitler die Menschen im Zwinggriff.

Kein Wunder, dass der Fremdenführer heute die eigene Tradition beschwört: „Welche Sprache spricht man in Malmedy?“, fragt er Besucher, die immer gedacht haben, mit Französisch richtig zu liegen. Doch schon die Straßenschilder zeigen feine Unterschiede: Neben den französischen stehen oft auch die wallonischen Bezeichnungen, und der Fremdenführer stellt eines ganz klar: „O ja, unsere Sprache war immer das Wallonische.“

Diese Lust an der Abgrenzung hat ihre Gründe: „Die zwangsläufige Konfrontation unserer romanischen Kultur mit der unserer deutschsprachigen Nachbarn im vergangenen Jahrhundert hat natürlich eine nicht unbedeutende Rolle im Erhalt unserer Traditionen gespielt, die eine Art Schutzwall gegen den germanischen Einfluss gebildet haben", belehrt ein Büchlein über die Geschichte der Stadt.

Aber eigentlich herrscht in Malmedy kein Sprachenkampf mehr, sondern eine unverwüstliche Bereitschaft, Feste zu feiern – mit dem berühmten Cwarmê-Karneval oder den Maien-Nächten, mit dem St.-Johannes-Reigen im Juni, dem Oktober-Läuten und den „cuh'nées", einem Kartoffelfest im Oktober. Die Gäste danken es mit guten Buchungszahlen: Rund 5000 Betten reihen sich in Malmedy und Umgebung.

Auch in St. Vith überragt eine Kirche die Stadt. Spitz reckt sie ihren Turm in die Höhe, der auf einem gedrungenen Körper sitzt. Die kühle Moderne ist zum Sinnbild eines St. Vith geworden, das Weihnachten 1944 während der Ardennenoffensive ausradiert worden ist. Einzig der Büchelturm aus dem 14. Jahrhundert trotzte wuchtig den Zerstörungen.

Heute präsentiert sich St. Vith seinen Besuchern als Geschäftszentrum der belgischen Eifel bürgerlich, modern und heiter. Unbeschwert ist das Bummeln entlang der Läden auf der Flaniermeile zwischen dem 2005 frisch gestalteten Windmühlenplatz und dem Altem Viehmarkt. Und wenn „Summertime" ist in St. Vith, setzt die Stadt ein paar Monate lang auf die Sogkraft von Musik und Unterhaltung.

Wälder verschlucken die Stadt: Malmedy mit der Kathedrale St. Peter und Paul

OBEN:
Kühle Moderne:
Die St. Vituskirche in St. Vith

RECHTE SEITE:
Der Zerstörung getrotzt:
Der Büchelturm in St. Vith

Bemerkenswert: Mit dem Agora-Theater, das mit seinem Theatertreffen und mit Gastspielreisen weit über die Grenzen Belgiens hinaus bekannt ist, hat sich St. Vith zu einem heimlichen Kulturzentrum der Deutschsprachigen Gemeinschaft gemausert. Manchmal unbequem, immer engagiert, sprechen die Künstler ein wichtiges Wort mit im Alltag der deutschen Minderheit im Osten Belgiens.

Beim Musikfestival „Alive" zieht sogar ein Hauch von „Woodstock" durchs Städtchen. Das Open-Air-Spektakel lockt Tausende junge Leute an und sorgt auf der grünen Wiese zwischen Emmels und Recht für Partystimmung.

Wenn der Mond über dem riesigen Festivalgelände mit seinen Bühnen, Bars, Zelten, Autos aufzieht und die Nebel sich in den Wäldern verdichten, umrunden

Polizisten hoch zu Ross das Areal. Stämmige Ordner schlürfen am Eingang einen Kaffee und „Wir sind Helden" versichern stimmgewaltig, sie seien „Gekommen, um zu bleiben". Spätestens da ist ihnen der Jubel sicher.

Verlockende Aussichten auf der Flaniermeile: Sommerfest in St. Vith

Drei Städte – drei Wirtschaftszentren

Eupen, Malmedy und St. Vith bilden die Bevölkerungs- und Wirtschaftspole in Ostbelgien. Auch in schwierigeren Zeiten, liegt die Arbeitslosenrate mit rund 7 Prozent noch auf relativ niedrigem Niveau.

Die drei Zentren haben unterschiedliche Schwerpunkte: Eupen, durch ein Straßen- und Kommunikationsnetz bestens mit den Ballungsräumen des Ruhrgebiets, des Maasbeckens und mit Aachen verbunden, setzt Schwerpunkte in der Metall- und Kunststoffverarbeitung, im Maschinenbau, in der Filztuchherstellung sowie in der Lebensmittel- und Genussmittelindustrie. Auch die Präsenz von Regierung und Behörden beflügelt das Städtchen wirtschaftlich.

Rund um St. Vith erkennt schon der flüchtige Besucher, womit hier gern gehandelt wird: Schilder, die „Massive Eichenmöbel“ anpreisen, stehen an jeder Straßenecke. Gut zu wissen: Die meisten Anbieter haben auch sonntags geöffnet. Die Nähe zum Luxemburger und Trierer Raum begünstigt den Absatz. Auch Handwerk und Metallverarbeitung machen Anstrengungen, sich in St. Vith mit hoher Qualität Standortvorteile zu sichern.

Malmedy ist traditionell stolz auf seine Papierindustrie. In den letzten Jahrzehnten konnte sich die Region verstärkt auf die Fischzucht, den Bausektor, die Metallverarbeitung und das Handwerk stützen. Nicht zuletzt ist der Tourismus Garant für den Wohlstand: Das in Europa beinahe einzigartige „Hohe Venn“ zieht Menschen von weither an.

St. Vith und Malmedy haben sich mit guten Hotels und Restaurants in verschiedenen Preiskategorien auf ihre Gäste eingestellt.

Besonders gefragt ist die Region während des Karnevals, der unterschiedlicher nicht sein könnte: Während Malmedy den „wallonischen“ Karneval zelebriert, setzen die St. Vither auf die rheinischen Bräuche und Gesänge nach dem Motto: „Hück weed et joot, et Levve es ze koot“.

TOTAL
SUZUKI
Freie
TANKSTELLE
Veedol

VORHERIGE SEITE LINKS:
Brennholz am
Naturparkzentrum
Botrange im Hohen Venn

VORHERIGE SEITE RECHTS:
Immer der Nase nach:
Schinkenräucherei in
Amel-Montenau

LINKS:
Mit viel Sinn
für gute Geschäfte:
Die Herbesthaler Straße
in Eupen

MORESNET

Religion und Frömmigkeit

Den Ort vom Bösen säubern ...

Wälder, tiefe Wälder. Nirgends eine Siedlung, kein Obdach. Wildnis in Eifel und Ardennen. Ein Gottesfürchtiger wie Remaclus lässt sich von derlei Unbill nicht abschrecken. Den Segen des Papstes im Gepäck und glühenden Glauben im Herzen, fürchtet er weder Mensch noch Tier und hat nur ein Ziel: Ein Kloster möchte er gründen, den Ort „vom Bösen säubern" und seinem Herrn Jesus Christus folgen, der sagte: „Gehet hin und machet alle Völker zu Jüngern, indem ihr sie taufet im Namen des Vaters und des Sohnes und des Heiligen Geistes." (Matthäus 28,19)

Remaclus hat Glück: Der fränkische König Sigebert III. schenkt ihm 648 ein Stück unwegsamen Ardennenwald. Er lässt die Wildnis in den düsteren Sümpfen des Warchetals roden und gründet eine Abtei, die so viel Anziehungskraft besitzt, dass sie erweitert werden muss – um ein Kloster in Stavelot. Zwei Machtzentren, die rasch zu einer Einheit verschmelzen, die immer wieder von zermürbenden Streitigkeiten gebeutelt sind, aber sich dennoch große

Mäzene sichern. Die Klöster waren mondäne Residenzen der Fürstäbte, begehrte Machtzentren und Anziehungspunkte für die geistige Elite. Der lange Niedergang begann erst Anfang des 16. Jahrhunderts und endete im Sturm der Französischen Revolution.

Dem Christentum und seiner tiefen Verwurzelung in der Bevölkerung konnte das Kampfgeschrei nichts entgegensetzen. Im Gegenteil: Im Weiler Lodomez, drei Kilometer von Stavelot entfernt, haben die braven Bürger sich auf ihre Weise gegen die revolutionären Ideen verwahrt.

Nachdem die Mönche der Abtei Stavelot 1794 vertrieben worden waren, wählten die Bewohner des Weilers einen der Ihren zum „Papst", den Fleischer und Landwirt Antoine Hurdebise, der berühmt war für seine Frömmigkeit und Weisheit. Er stand – ganz im Verborgenen – den Lebenden und Sterbenden bei und begründete eine Tradition, die in diesem abgeschiedenen Winkel bis 1929 andauern sollte. Die Bewohner von Lodomez legten fest, wie ihr Papst zu

wählen war, und Kardinäle stellten sie ihm auch zur Seite.

Auch wenn dies eine Ausnahme war, so sind die Folgen der Christianisierung in der Eifel-Ardennen-Region bis heute beeindruckend: Noch immer preisen die Abteien in Münstermaifeld, Trier, Stavelot-Malmedy und Echternach, in Prüm, Kornelimünster, Münstereifel und Steinfeld, die zwischen 575 und 925 entstanden sind, den Herrn.

Auch jenseits dieser Steingebirge besinnt sich das vielfach geknechtete Grenzland seit alters offen auf höhere Mächte, zumal dann, wenn alles Irdische zu scheitern droht.

Zeugnisse tiefer Volksfrömmigkeit schmücken manchen Weg, manches Dorf und manchmal auch eine Landstraße am Rande des Eyneburger Waldes: Am „Himmelsplatz“, dicht an der Straße von Kelmis nach Astenet, ist der heiligen Caterina von Siena ein stilles Refugium gewidmet. „Wer wahrhaft glaubt und innig betet, dem wird geholfen.“

Mit welcher Inbrunst und Hoffnung, mit welchem Glauben an die Gnade des Ortes Menschen hier beten, machen die Votivtafeln deutlich, die das schlichte Weiß der Heiligenfigur umrahmen: „Ich danke dir für deine Hilfe“, schrieb Burkard am 14. April 1983, und ein namenloser Schrei mahnt: „Aide moi.“

Es gab Zeiten, da verließen sich die Menschen fast ausschließlich auf derlei Stoßgebete. Clara Viebig hat sie in ihrem Buch „Das Kreuz im Venn“ eindringlich skizziert. Ihr Bürgermeister Leykuhlen glaubt in der ersten Hälfte des 20. Jahrhunderts so sehr daran, dass ein großes Gotteshaus seine Dorfbewohner vor allem Unbill schützt, dass er den Eifeldom bauen lässt und darüber die Wasserleitung vergisst.

In Sommermonaten schrecklicher Dürre sind die Brunnen versiegt, das Wasser ist vermodert: Der Typhus rafft die Schwächsten dahin und seine geliebte Kirche kann nicht helfen – trotz aller Gebete: „Auf seiner Betbank kniete der Bürgermeister. Wenn die anderen einmal wieder sich niedersetzten, um

VORHERIGE SEITE UND LINKE SEITE OBEN:
Mutter Natur legt ihren Mantel um jedes Stoßgebet: Kreuzwegstation und Kalvarienberg in Moresnet-Chapelle

LINKE SEITE RECHTS:
Heftiger Machtkampf: Die Abtei von Stavelot

LINKE SEITE UNTEN:
Anrührende Schönheit: Die St. Katharinenstatue am Katharinenstift

OBEN LINKS UND RECHTS:
Voller Inbrunst und Hoffnung: Dankestafeln und Gedenkstelle für Katharina von Sienna bei Astenet

MARCVS
SALVATOR

Sehnsucht nach göttlichem Beistand: Die Hubertuskirche bei Lontzen

auszuruhen, kniete er immer noch. Ohne Unterlass betete er auf dem bretternen Bänkchen, das viel zu schmal war für seine Knie und viel zu niedrig für seine Größe. Er fühlte nicht, dass die gekrümmten Füße ihm abstarben, und dass seine Knie steif wurden ..."

In Moresnet legt Mutter Natur ihren Mantel um manches Stoßgebet. Unter blühendem Rhododendron kehrt ein Kirchendiener die Ahornblätter zusammen. Bedächtig sind seine Bewegungen, als halte er Gottesdienst im Dschungel von tausenden Pflanzen. „Solch einen Kreuzweg gibt es nirgendwo mehr auf der Welt", lächelt er und zeigt ringsum, als wolle er die Schätze unter den hohen alten Paradiesbäumen umarmen.

Ein paar Pilger singen in der benachbarten Kapelle vor einer Marienfigur aus Terrakotta, die rund 100.000 Menschen im Jahr anzieht. 1747 war sie das Kleinod von Peter Arnold Franck, der – an Fallsucht erkrankt – bei ihr Trost suchte und Heilung fand. Seitdem ist sie Sehnsuchtsziel. Tagtäglich schwingt der Gesang der Pilger durch den Park, der in seiner Schönheit wahrlich „himmlischen Frieden" verspricht ...

Am besten jedoch vermitteln die alten Dorfkapellen mit ihren abgetretenen Steintreppen, dem würzigen Geruch des Weihrauchs und den angestoßenen harten Kirchenbänken die jahrhundertealte Sehnsucht nach göttlichem Beistand. Meist sind sie auf Hügeln gebaut, oft zwischen dem 11. und 16. Jahrhundert entstanden. Malerisch die Bartholomäus-Kapelle in Wiesenbach südöstlich von St. Vith mit ihren einzigartigen Fresken sowie die spätgotische Kapelle von Krewinkel bei Büllingen, die im 15. Jahrhundert auf einem heidnischen Kultplatz errichtet wurde. Ein beliebtes Pilgerziel zu Maria Himmelfahrt ist die spätgotische Pfarrkirche von Neundorf; beschaulich wirken die St.-Hubertus-Kirche in Weweler aus dem 12. Jahrhundert, die Pfarrkirche von Mackenbach und die Peterskirche in Ouren, die zu den schönsten der Kleinen zählt.

Manderfeld bei Büllingen ist wegen eines besonderen Kleinods bekannt geworden: Die „Siebenschläfer" aus dem Jahr 1765 bilden vor der Kirche St. Lambertus die letzte Station eines Kreuzweges und erinnern in naiver Figürlichkeit an die Grablegung des Herrn.

Der heilige Remaclus hätte sicherlich seine Freude daran, zumal ihm die Sage nicht nur die Klostergründung in Malmedy zutraut. Die Kirche St. Remaclus in Thommen soll – wie der Name schon sagt – auch sein Werk sein. Wenn er noch lebte, der christliche Visionär, wäre er längst ins Internet gegangen, um seine Kathedrale virtuell zu bauen – und das Netz vom Bösen zu befreien.

Seine Nachfolger jedenfalls glauben an diesen Weg, der in Ostbelgien www.ostbelgien.catho.be heißt und die Kirchen in Belgien und in der Welt zusammenführen möchte – auf den Pfad des Herrn.

OBEN:
Auf einem heidnischen Kultplatz errichtet: Die Kapelle von Krewinkel

RECHTE SEITE:
Anrührend naive Figürlichkeit: Die „Siebenschläfer" an der St. Lambertuskirche in Manderfeld bei Büllingen

Krippen aus aller Welt

Die – laut Eigenwerbung – größte und bedeutendste Kirchenkrippenausstellung Europas, die Krippana, hat sich einer besonders schönen Form der Christusverehrung gewidmet, den Krippen. Gezeigt werden direkt auf der deutsch-belgischen Grenze mechanische Krippen, Landschaftskrippen aus Spanien und Italien sowie eine Außenkrippe mit lebenden Tieren. Auch Skulpturen der Shona-Künstler aus Zimbabwe, die die Geburt Christi zeigen, sind zu sehen.

i Krippana im Ardenner-Center, Hergersberg 4, 4760 Büllingen, Telefon: 0032(0)80-548729

AD2000

Von alten Bräuchen und guten Sitten

Die Glocken fliegen nach Rom

Die Nacht ist kalt, doch in aller Augen glänzen Lichter. Fackeln in der Hand, drängen sich die Menschen um Martins Feuer. Die Funken sprühen. Von fern jubilieren Trompeten: Er kommt, der heilige Mann. Am 11. November trabt St. Martin über den Werthplatz, weil er sich hier besonders gut macht: Hoch zu Ross, mit glitzerndem Helm und edlem Gemüt, teilt er alle Jahre wieder seinen Mantel, damit die Kinder jauchzen und die Alten seufzen können: Es gibt sie noch, die guten Traditionen.

Dabei ist das Martinsfest in Eupen ein ganz junger Brauch. Robert Schaaf, der rührige und ehemalige Vorsitzende des Verkehrsvereins, brachte seinen Mitstreitern den Heiligen wieder näher. Das war 1964 und eine besonders gute Idee, denn seitdem ziehen die Kinder begeistert von der St. Josefskirche in der Unterstadt bis zur Oberstadt – immer brav

VORHERIGE SEITE:
Begegnung von Geistlichem und Weltlichem: Vor der Kathedrale St. Peter und Paul in Malmedy

LINKS:
Frömmigkeit am Wegesrand: In Halenfeld bei Amel

OBEN:
Im Glanz von Sonne, Mond und Sternen: Die Lourdes-Grotte an der Kirche von Lommersweiler

RECHTE SEITE:
Kraftvoll und energisch: Der Engel an der Michaelskirche in Weywertz

hinter dem Heiligen her. Römische Fußtruppen und Reiter sind ebenso dabei wie eine Menge fröhlicher Stimmen, die „Rabimmel, rabammel, rabumm" jubeln und ihre Laternen hoch in die Luft halten.

Es ist ungewöhnlich, dass alte Bräuche wieder eingeführt werden, nachdem sie beinahe in Vergessenheit geraten waren. Viel häufiger gehen Traditionen verloren, weil sowieso niemand mehr daran glaubt. In den einsamen Regionen der Eifel waren Feste oft von der unwirtlichen Landschaft mit ihren dichten Eichen- und Buchenwäldern, ihren gespenstischen Höhlen, den zerklüfteten Tälern und schaurigen Mooren bestimmt, denn die Menschen fühlten sich auf Gedeih und Verderb den gewaltigen Kräften der Natur ausgeliefert und versuchten, sie günstig zu stimmen.

Im schönen Monat Mai gab es früher in jedem Dorf Bittprozessionen, um die Saat gut auf den Weg zu bringen – mit Gottes Hilfe. Doch seitdem die Bauern sich dem Kunstdünger anvertrauen, hat sich diese Tradition beinahe nur noch zu Christi Himmelfahrt in Hauset, in Walhorn und in Stockem erhalten. Auch der Krautwisch am 15. August wird nur noch in wenigen Kirchen gesegnet, und vor bösen Gewittern beschützt er auch niemanden mehr. Wozu gibt es Blitzableiter?

Trotzdem hat Ostbelgien seine Prozessionen, die es nicht missen möchte: Fronleichnam ziehen Pilger nach Moresnet, und eine Woche später erlebt Eupen seinen Zug der Gläubigen – mit viel Lärm, denn hier gehört auch das Böllern zur Tradition. Auch Raeren, Hauset und Kettenis, Eynatten, Kelmis und viele andere Orte kennen ihre Prozessionen.

Die Frömmigkeit der Eifel findet einmal im Jahr in Lommersweiler glühenden Ausdruck: Zu Maria Himmelfahrt zieht im Glanz von Mond und Sternen eine Prozession hinauf zur Lourdesgrotte, und Tausende Kerzen tragen ihr kleines Licht der Zuversicht zur Mutter Gottes. Auch bei der Marienwallfahrt nach Schönberg ist alles noch da: Die Gottesfurcht, der Glaube, dass „es etwas nutzen möge", und die Geselligkeit.

Apropos Geselligkeit. Selbst die Kirmes geht auf kirchliche Bräuche zurück, denn sie war ursprünglich eng mit Kirchweih verbunden. Der Kaffeeklatsch ist noch heute ein Muss, um Familienangehörige zu treffen, die zum Teil von weither anreisen. In Nispert am Rande von Eupen sorgt der Verein mit dem seltsamen Namen „Königliche Sankt-Johannes-Enthauptung-Bogenschützen-Gesellschaft Nispert" dafür, dass es besonders hoch hergeht. Am letzten Sonntag im August wecken Trommler die Bürger schon ab sechs Uhr morgens aus dem Schlaf, der auch in den nächsten Tagen unruhig bleibt, bis am Kirmesdienstag unter großem Wehklagen der „Kirmesknochen" in Form eines dicken Schinkenknochens begraben wird und „De ärme Knöök" ein Jahr lang unbeachtet in der Erde liegen muss.

Wer das Schwein doch lieber essen möchte, sollte Ende August gen Wirtzfeld fahren. Hier ist das „Saubrennen" ein Vergnügen, das immer mehr Gäste anlockt, denen schon das Wasser im Mund zusammenläuft, wenn die Schweine auf riesigen Spießen gegrillt werden.

Karfreitag ist in Orten wie Weywertz Seltsames zu hören. Statt der vertrauten Glocken knarrt und knackt es zur Stunde des Gebetes. Junge Leute ziehen mit Klappern durchs Dorf, weil – wie die Alten munkeln – „die Glocken nach Rom geflogen sind, um die Ostereier zu besorgen". Nüchterne Menschen sind sicher, dass der alte Brauch in die Frühzeit des Christentums zurückreicht, als die Gläubigen – schlimmsten Verfolgungen ausgesetzt – ihre Versammlungen geheim halten mussten. Die Liturgiefeier wurde durch Vertraute angekündigt. Später, als die Kirche ohne Angst auftreten konnte, wurden Metallplatten oder Holzbretter mit dem Hammer geschlagen, was noch heute im Klappern der Kartage fortlebt. Zu Ostern ist alles überstanden.

VORHERIGE SEITE LINKS:
Geborgen in guter, alter Tradition: Ein St.-Nikolaus-Schütze feiert am Marktplatz in Eupen

VORHERIGE SEITE RECHTS:
Engeln gleich: Schulkinder beim St.-Johannes-Reigen am 24. Juni in Malmedy

Blumig bekränzt wird der Sommer begrüßt: St. Johannes-Reigen in Malmedy

1 sac pour 5 euro
3 sacs pour 13 euro
Toujours un cadeau
Vérifier vos sac
gros lots
Super cadeau

Im Himmel der Stofftiere: Kirmes in der Gospertstraße in Eupen

OBEN UND RECHTE SEITE:
„Hück weed et joot, et Levve es ze koot“: Karneval und Altweiberfastnacht in St. Vith, Kelmis und Eupen.

Dann werden in Eupen die Brunnen mit Girlanden geschmückt: das Wasser ein Quell des Lebens.

In der Nacht zum 1. Mai stellen junge Männer ausgewählten jungen Damen bunt geschmückte Birkenbäumchen vors Haus. Ein Brauch, der knospende Natur und erwachende Liebe symbolisiert und an die Kelten und ihre Baumfeste erinnert. Allerdings wären sie niemals auf die Idee gekommen, den Baum zu fällen. Zu ihren Zeiten wurde im Wald gefeiert, wo die Pflanzengeister zu Hause sind.

Auf alte Bräuche gehen auch die „Rondes de la Saint-Jean“ am Johannestag in Malmedy zurück. Kinder mit Bändern und Blumenkronen ziehen singend durch die Stadt. Der eine oder andere wagt ein Rundtänzchen. Und immer gibt's zum Schluss Reistorte für alle. Auf dem Rückzug ist das Hahneköppen oder Ganshauen; ein seltsames Spiel für trinkfeste Junggesellen. Die Idee: Der arme tote Hahn hängt baumelnd und kopfüber im Korb, und ein junger Mann – gestärkt mit vielerlei Schnäpschen – müht sich, ihm mit einem Säbel den Kopf abzuschlagen. Doch das kann dauern, denn seine Augen sind verbunden, der Hals des Hahns ist zäh, das Messer stumpf, der Tag lang und der Schnapsvorrat unendlich.

In seinem Buch „Kult und Brauchtum im Kirchenjahr“ führt Henrichs das Hahneköppen auf ein altes Erntedankritual zurück: „Am Ende der Ernte wird der Wachstumsgeist, der alt geworden und daher mancherorts als alter Mann vorgestellt wird und der deshalb seine dahinsiechende Kraft nicht dem Boden mitteilen soll, eingefangen und getötet.“ Andere sind anderer Meinung: Sie glauben, das „Hahnenköppen“ stamme aus der Zeit der französischen Besatzung

und bedeute nichts anderes, als dass dem gallischen Hahn der Kopf abgeschlagen werden solle.

Auch der Karneval war schon immer die beste Zeit, Dampf abzulassen. In Ostbelgien kann er gleich zweifach – rheinisch und wallonisch – gefeiert werden. Die wallonischen Cwarmê-Figuren sind übermütig-freche Buben, die vor nichts und niemandem Respekt haben: An vier fetten Donnerstagen machen die Vermummten die Kneipen und Plätze unsicher, veräppeln die Zecher durch Nachäffen, was die „Long-Nés" besonders gut beherrschen, oder versuchen, die braven Bürger mit einem Brotschieber rumzuschupsen, wofür die berüchtigten „Trouv'le" bekannt sind. „Haguètes" protestieren gegen fremde Herrscher, kneifen Gaffer mit langen ausfahrbaren Scheren und veralbern den zweiköpfigen schwarzen Adler des Heiligen Römischen Reiches Deutscher Nation.

*Schöne Bescherung
für kleine Clowns:
Rosenmontag in Eupen*

Ganz rheinisch ist das bunte Treiben rund um Eupen und St. Vith. Sitzung, Umzug mit Prinz Karneval und Tanz bestimmen die tollen Tage. Volle Säle und bierselige Stimmung garantiert.

Seltsam: Mitten in der Fastenzeit legen einige Ostbelgier noch einmal los, zumindest in Welkenraedt-Herbesthal. Zu Laetare windet sich ein Zug mit Wagen, Fußgruppen und Musikanten durch die Straßen. Prinzen aus dem Dreiländereck strömen herbei, und alle treffen sich abends beim Tanz.

Nur Stavelot kann das noch überbieten: Dort wird seit 1502 Laetare gefeiert, und zwar von der Ehrenbruderschaft der weißen Mönche, die Latein bestens beherrscht und deshalb weiß, dass Laetare „fröhlich" bedeutet. Von Samstag bis Montag nehmen die Herren das wörtlich: Weiße Mönche, mit langen Nasen aus Pappmaché bestens maskiert, bunte Gruppen und Musikkapellen ziehen durch die Stadt und tanzen ihr Rondeau. So was will jeder sehen: 15.000 Zuschauer sind keine Seltenheit.

Nicht allen ist es gegönnt zu sehen, was nach dem Umzug passiert: Im Refektorium der alten Abtei werden fünf verdiente Herren zu Ehrenrittern geschlagen. Dann leeren sie ein Glas Weißwein in einem Zug – ohne dabei die Kieselsteine am Boden zu verschlucken.

Trinkfest und vorsichtig sollte man sein – das gilt nicht nur für weiße Mönche.

OBEN LINKS:
Die beste Zeit, Dampf abzulassen: Karneval in Eupen

OBEN RECHTS:
Ein Prinz kommt selten allein: In Kelmis

Alle sieben Jahre wieder

Wenn endlich alle Karnevalsprinzen abgedankt haben, geschieht in Kelmis ein Wunder – alle sieben Jahre. Auf der Bühne der „Patronage", wo noch kurz zuvor Funkenmariechen und Büttenredner agierten, lebt die Leidensgeschichte Christi wieder auf. Fast 200 Akteure begeben sich auf eine Zeitreise ins Heilige Land zu Jesu Zeiten.

Von den Hochrufen beim Einzug des Herrn in Jerusalem bis zum „Kreuzige ihn" reicht das Spiel, das die Menschen an der Göhl immer wieder aufs Neue fasziniert. Schon Wochen vor der Aufführung wird diskutiert, ob der Nachbar ein rechter Apostel werden wird, auch wenn er sich vorsichtshalber schon einmal den Bart dafür wachsen lässt. Die schwierigste Aufgabe übernimmt der Jesus-Darsteller – muss er doch das Leben Christi überzeugend darstellen, ohne jeden lächerlichen Misston.

Angefangen hat alles mit dem lieben Geld: 1936 suchte Kaplan Darcis nach Möglichkeiten, den Patronage-Saal zu finanzieren. Gesagt, getan: Er griff zur Feder und schrieb selbst ein Passionsspiel. Der Erfolg gibt ihm Recht. Bis zum heutigen Tag.

Sport, Spaß und Spiel

Neben den traditionellen Festen und Bräuchen gibt es immer mehr „Events", die zum Vergnügen locken. Die „Agenda" der „Deutschsprachigen Gemeinschaft – Provinz Lüttich" verrät, was das Jahr an Attraktionen verheißt. Schon der erste Blick zeigt. Es ist viel, manche meinen, es werde langsam zu viel: Vom „Internationalen Schlittenhunderennen" in Rodt über „Straßentheaterfestivals" in Eupen und St. Vith, das „Internationale Theaterfest der Deutschsprachigen Gemeinschaft", St. Viths „Summertime", die „Eté-Show" in Malmedy, den „Musik-Marathon" in Eupen, das Kelmiser Bettenrennen, den „Blumencorso" in Hergenrath, bis hin zum ostbelgischen Orgelsommer reichen die Freuden – und noch weit darüber hinaus. Es gibt Burgfeste, Seefeiern, Sommerkurse, Open-Air-Festivals, Ausstellungen und, und, und ...

Zum Christfest locken romantisches Vergnügen: Die Weihnachtsmärkte sind geschätzt bei Jung und Alt. Auf Burg Raeren werden fast ausschließlich regionale Produkte angeboten, und die Turmbläser verbreiten heimelige Gefühle. Schön anzusehen sind Weihnachtsmänner aber auch im Naturparkzentrum Botrange, in Eupen, Malmedy, Kelmis, Büllingen und St. Vith.

OBEN LINKS:
Lasst Millionen Blüten sprechen: Blumenkorso in Hergenrath

OBEN RECHTS:
Hochburg für derbe Späße: Bettenrennen in Kelmis

Der Kleine Züchter
Geflügel

Im Gänsemarsch:
Kinder beim Hirtenfest
im Hohen Venn

Burgen, Schlösser, Herrenhäuser

Wunschlos traurig – hoffnungslos übermütig

Ein wackliges Schild zeigt den Pfad. Düster recken sich Blutbuchen und Zedern über das Sträßlein, das tief ins Tal der Göhl führt. Ein paar Kinder kreischen, während sie das Wasser stauen – mit schweren Bachkieseln und Geäst. Mein Auto schnurrt den Hügel hinan, bis sich der Wald öffnet und Kühe und Ziegen einen Wiesenberg dekorieren.

Still liegt die Eyneburg im Hügelland. Späte Sonnenstrahlen beleuchten spitzgieblige Türmchen, weite Dächer, hochragende Fenster, trutzige Mauern und Fachwerk. Eine Burg wie aus dem Bilderbuch. Das Eingangstor ist weit geöffnet, dahinter ein paar ungelenke Schilder, die Würstchen, Bier und alles andere preisen, das eine Burg heutzutage zur Erhaltung braucht. Die staubige Stille, die jahrzehntelang konserviert wurde, nachdem die Burgherren derer von Eyneberg, Dobbelstein und wie sie alle hießen Macht und Größe

verloren hatten, ist emsiger Vereinsmeierei gewichen: Am 1. März 2005 haben die Streiter der „Eyneburg VoG" das Gemäuer wach geküsst.

Ihr Ziel ist die Erhaltung der Burg mit allen zeitgenössischen Mitteln: Ein mittelalterlicher Ostermarkt, ein Hexenfest, eine Kinderanimation und Kulturtage waren schon mehr oder weniger erfolgreich: Die Eyneburg (auch Emmaburg genannt) soll zum mittelalterlicher Erlebnisraum und damit erhalten und im Stil der Zeit renoviert werden – mit neuen Stromleitungen, Bädern und einer Heizung sowie mittelalterlichen Spielen für die Gäste.

Dass dies nicht so einfach ist, zeigten schon die ersten Monate: Es fehlt an langfristigen Konzepten, die wirklich

VORHERIGE SEITE:
Eine Burg wie aus dem Bilderbuch: Die Eyneburg nahe Hergenrath

OBEN:
Das Gemäuer ist wach geküsst: Mittelalterfest auf der Eyneburg

RECHTE SEITE:
Die staubige Stille ist Vereinsmeierei gewichen: Rittersaal in der Eyneburg

1897 - 1957

OBEN:
Wo das Wünschen geholfen hat: Burg Reinhardstein bei Ovifat

Geld versprechen. Schon wird von „amateurhaftem Vorgehen" der Betreiber gemunkelt.

Im Alltag liegt Ruhe über den 4000 Quadratmetern Mittelalter an der Göhl. Und manch einer fragt sich, wo es denn gewesen sein könnte, das nächtliche Schauspiel, das dem Gemäuer den Spitznamen Emmaburg eingebracht hat: im Hof oder an der Pforte?

Köstlich ist die Geschichte allemal, die von der Leidenschaft Einhards, des Kaplans und Privatsekretärs Karls des Großen, zu des Kaisers schönem Töchterlein Emma berichtet. Zum nächtlichen Stelldichein sollen sie sich getroffen haben, die leidenschaftlich verliebten Legendenkinder. Doch als sie im Morgengrauen den Küssen und Umarmungen entsagen müssen, sehen sie vor der Kammertür frisch gefallenen Schnee. Einhard fürchtet, am Mannestritt erkannt zu werden und zaudert zu gehen: Da nimmt ihn die beherzte Emma auf den Arm und trägt ihn in seine zölibatäre Klause ...

Wohl jede Burg braucht solche Legenden, die uns entführen in Zeiten, als das Wünschen noch geholfen hat: Ein Professor aus Brüssel hat sie in sein Leben gerettet und so fest an das Wünschen geglaubt, dass er tatsächlich Unmögliches wahr machte – auf Burg Reinhardstein. Das Gemäuer – in einer Schlucht ganz nahe am höchsten Wasserfall Belgiens, 1354 von Reinhard von Weismes gebaut – war von 1550 bis 1812 ein Domizil derer von Metternich. Einer der ihren, Klemens Wenzel (1773–1859), half im Wiener Kongress, die Macht in Europa neu zu verteilen. Doch seine Burg war schon damals ein Trauerspiel: Napoleons Truppen hatten sie während der Französischen Revolution zerschossen, nichts als Ruinen erzählten von Glanz und Größe früherer Tage – bis Professor Jean Overloop sie erblickte.

Glaubt man Freddy Derwahl, so war der Professor nicht nur ins Gemäuer verliebt, sondern auch voller Respekt vor ihrem Geist – im ganz wörtlichen Sinne. Überall fühlte er „sie" an diesem „Ort großer Unsicherheit". Er stellte sich ihrem Schatten und verfolgte ab 1969 unbeirrt seinen Traum, die Burg wieder aufzubauen – nach den Zeichnungen von Mathieu Xhrouet, der die Burg gemalt hatte, als sie noch stolz und trutzig war.

Wie jeder heute besichtigen kann, wuchs die höchstgelegene Burg Belgiens Stein für Stein, und fast drei Jahrzehnte lang beobachtete Overloop ihr Erwachen – immer umgeben von den Schemen des Ortes, immer bewacht vom Geist der Warche, der in Gestalt einer schönen jungen Frau den Wissenden und Wünschenden erscheint ...

Merkwürdig nah sind solche Geschichten, wenn bei der Reise über das ostbelgische Land mal wieder eine Burg oder ein Schlösschen seine müden Mauern zeigt. Und derer gibt es viele – vor allem in dem Landstrich, der als „Butterländchen" gern verniedlicht wird: Burg Lontzen zum Beispiel war wie viele andere ein trutziger Schutz, bis sie 1286 im limburgischen Erbfolgekrieg von geldrischen Truppen heftig mit Sturmböcken und Ballisten belagert wurde. Doch Gheraert Burggraf von

Mueslinge hielt tapfer stand „gegen den Ansturm und feindliche Attacken, 40 Tage lang und noch mehr ..."

Trotzdem ist von dem wehrhaften Bau nichts mehr erhalten. Als neue Waffen und Kriegsstrategien erdacht worden waren und sich die Adelsfamilien im Hader entzweiten, ging viel geschichtsträchtiges Gemäuer in Großbürgerhände. Die Mauern von Burg Lontzen wandelten sich 1746 dem Geschmack der Zeit entsprechend in ein herrschaftliches Landschloss. Die Zeit der Prüfungen war längst noch nicht vorbei. 1970 brach ein Großbrand aus. Unwiederbringlich verloren: das Treppenhaus und kostbare Vertäfelungen. Der Aachener Jos. Schiffer baute das Kleinod wieder auf, und 1987 konnte es bezogen werden – von ganz und gar Bürgerlichen.

OBEN:
Der Burggraf hielt tapfer stand: Schloss Lontzen

OBEN LINKS:
Musikers liebstes Gemäuer: Schloss Libermé in Kettenis

OBEN RECHTS:
Das Schönste der Schönen: Das Amstenrather Haus in Eynatten

RECHTE SEITE:
Gar trutzig anzusehen: Haus Raeren

Ganz in der Nähe liegt Schloss Libermé, ein prächtiges Kleinod, das von einer Dreibogenbrücke geschmückt wird. Das einstige Feinschmeckerrestaurant hat sich in einen Konzertsaal verwandelt. Die „Libermé Schlosskonzerte V.O.G." präsentiert Konzerte, die manchmal „wunschlos traurig – hoffnungslos übermütig" machen, je nachdem, wie die virtuose Musik es verlangt.

Den Künsten dient auch Burg Raeren aus dem 16. Jahrhundert, deren Gräben vom Flüsschen Iter gespeist werden, und die das Töpfereimuseum umfließen. Gleich nebenan ist Haus Raeren, eines der bemerkenswertesten befestigten Herrenhäuser; trutzig anzusehen, erhebt sich die Wasserburg hoch über mehrere Etagen.

Über Schloss Thor am Rande von Astenet in Walhorn kursiert eine kuriose Geschichte: Im 18. Jahrhundert überließ der damalige Besitzer, Dr. Friedrich Lamberz, das Schlösschen einem Maler. Nachdem der die Weine seines Gastgebers ausführlich gekostet hatte, sah er die mit Bildern bemalten Wände und lechzte nach Veränderung: König Salomon wurde ein Zylinder verpasst, sein Zepter verwandelte sich in eine Pfeife und Königin von Saba hielt Besen und Nachthaube bereit ...

Wer nennt die Namen all der anderen Herrenhäuser, die – oft versteckt hinter Busch und Baum – ihre Geschichten erzählen? Schloss Waldenburg aus dem 14. Jahrhundert wurde 1977 stilgerecht wiederaufgebaut. Schloss „Bempt" in Moresnet verrät schon im Namen, wo es steht: „Bempt" bedeutet „feuchte Weide". Das Haus Amstenrath in Eynatten aus dem 15. Jahrhundert zählt wohl zu den Schönsten der Schönen im weiten Umkreis. Es galt lange Zeit als „Kleines Haus", ganz im Gegensatz zum „Vlattenhaus", das vielen als „Großes Haus" in Erinnerung ist.

Auch der Süden Ostbelgiens hat mit Burg Reuland ein Kleinod, das schon im 10. Jahrhundert entstanden ist. Hier saßen die Wächter über Our und Ulftal, die jedem Feind Einhalt gebieten wollten, und was sie bewegte, versuchen heute die Archäologen zu entziffern, wohl wissend, dass die uralten Steine manches Geheimnis hüten, das von Kriegen, Rittern und Leidenschaften erzählt – und von dem Land, das ihnen Bühne war.

OBEN LINKS:
Jugend vor altem Gemäuer: Burg-Reuland

OBEN RECHTS:
Beifall für des Falkners Kunst: Beim Burgfest auf Burg Reuland

Wer mit dem Auto durchs Dreiländereck von Burg zu Burg reisen möchte, kann der Burgenroute folgen. Sie führt über 79 Kilometer von Kelmis über Eynatten, Raeren, Kettenis, Lontzen, Moresnet und Teuven zurück nach Kelmis.

Burg Reinhardstein mit seinen Rüstungen, Wandteppichen, liturgischen Gewändern und lebensgroßen, handgeschnitzten Figuren kann besichtigt werden.

Führungen auf Anfrage.

ℹ Burg Reinhardstein
4950 Weismes/ Robertville
Telefon: 0032(0)80-446475
(Tourist Info)
oder 0032(0)80-446868 (Burg)

Burg Raeren beherbergt das Töpfereimuseum

ℹ Burgstraße 103
4730 Raeren
Telefon: 0032(0)87-850903

In *Burg Reuland* können Fundstücke der archäologischen Ausgrabungen vor Ort besichtigt werden. Zu sehen sind zudem alte Dokumente und Siegel. Eine Vitrine zeigt Ausgrabungen der nahe gelegenen Burgreste von Ouren.

ℹ Burg von Reuland
Burgpavillon mit Ausstellung
4790 Burg Reuland
Telefon: 0032(0)80-420046

Die *Eyneburg* sucht noch Mitstreiter, die dazu beitragen, die Burg zu erhalten: „Redet mit uns, damit eure Träume von erlebbarer Geschichte wahr werden", fordern die Mitglieder der „Eyneburg VoG" alle Burgfreunde auf. Die „Emmaburg" in Hergenrath/Kelmis soll zu einem Treffpunkt für alle Burgliebhaber werden.

ℹ Eyneburg
4721 Hergenrath/Kelmis
Telefon: 0032(0)87-301440
und im Internet unter
www.eyneburg.be

Auf *Schloss Libermé* finden Konzerte statt.

Informationen über die Termine:

ℹ Schloss Libermé
Aachener Str. 302
4701 Kettenis, und im Internet unter www.walter-haas-steuerberater.de

In *Schloss Thor* lädt ein Restaurant zum Schlemmen ein.

ℹ Château Thor
Nierstr. 5
4711 Astenet-Lontzen
Telefon: 0032(0)87-659037

OBEN:
„Damit eure Träume wahr werden": Mittelalterfest auf der Eyneburg nahe Hergenrath

Ritters Traum vom guten Leben: Burgfest auf Burg Reuland

Ostbelgiens Naturschätze

Sehnsucht nach Zauberglanz

Langhaarig sind sie; speckige Hose und fleckiges Hemd, wirr der Blick, misstraurisch das Gemüt. Sie trotzen der sengenden Sonne und der kalten Nacht, hocken im Fluss, sobald der Morgen graut und suchen fieberhaft nach Gold. Nur wenige haben es gefunden. Doch der Mythos des Edelmetalls hat die Männer zur Legende gemacht. Was am Klondike und Yukon der „Goldrush" war, hieß im Spätmittelalter „Berggeschrei", und das war 1896 kurz, aber unüberhörbar.

Montenau, Amel und Recht erlebten damals einen Goldrausch, in dem brave Männer ihren Verstand verloren. Sie hatten nur noch Augen fürs Gestein, suchten in den „Seifen" die „Fallen", in denen sich Gold finden ließ. Mikroskopisch klein war es, winzige Flitterchen, kaum der Rede wert und doch so begehrt, dass es tiefe Triebe weckte: Gier, Sucht, Abenteuer – alles spielt eine Rolle bei der Suche nach dem Zauberglanz.

größten Schatz geworden. Im alten Antoniushäuschen wird dafür auf kontemplative Weise gedankt: Hier stehen Weihwasserbecken neben Wurzeln und verbinden symbolisch Wasser und Erde. Wer doch lieber in Gelb-Gold schwelgen möchte, sollte im Frühjahr kommen und beispielsweise Rocherath einen Besuch abstatten. Die Narzissen im Oleftal sind längst kein Geheimtipp mehr. Per Bus und Bahn reisen ihre Bewunderer an, ziehen mit Wanderschuhen und Walkingstöcken vorbei am gelb wogenden Meer, das nicht nur wunderschön ist, sondern auch Gutes verspricht: Der Winter ist vorbei.

Ländlich ist das Leben im südlichen Teil Ostbelgiens. Wiesen, Wälder, Flüsschen prägen das Bild. Und ein Ort wie Weywertz bei Bütgenbach ist stolz auf seine 300 Jahre alte, weit ausladende Linde vor der St.-Michael-Kirche.

VORHERIGE SEITE:
Brave Männer im Goldrausch: Die Amel im Wald von Kuckerell

OBEN:
Schutz vor Sturm und neugierigen Blicken: Hecke vor einem Hof in Xhoffraix

Noch heute erzählen die Spuren der Goldgewinnung längs des Amel- und Rechtbachs von diesem Menschentraum, der hier seit 2000 Jahren die Sehnsucht nährt, denn schon Kelten und Römer schufen sich ihre goldigen Zeiten. Und damit das klar ist: Sie haben einiges übersehen; das Gold liegt noch heute im Boden.

Doch die Nutzlosigkeit der Plackerei hat sich herumgesprochen. Heute werden ganz andere Schätze gesucht: Amel, gekürt als „kinderfreundlichste Gemeinde Belgiens" und als „Gemeinde, in der es sich am besten leben lässt", verziert von 4000 Hektar Wald, ist für viele zum

Aber die besten Landschaftsmaler sind die Hecken. Sie sticken Muster ins Land, und sie erinnern romantische Seelen an die Zeit, als Dornröschen hinter dichten Hecken auf ihren Prinzen wartete. Über Hügel und Felder winden sich die Hecken, bilden Quadrate und Dreiecke, formen sich zu Kreisen, überwinden Bergrücken, ziehen an Wäldchen vorbei und werden immer dichter, je näher sie an einen Ort kommen. Es gibt sie in vielerlei Varianten: Xhoffraix zum Beispiel, ganz in der Nähe von Sourbrodt, ist ein „Village de Charmilles", das „Dorf der Buchenhecken". 200 Jahre alt können sie sein, meterhoch sind sie immer. Und sie schützen die Häuser vor neugierigen Blicken und wilden Stürmen, die hier gern über die Höhen toben.

Die Feld- und Weidenhecken im Bütgenbacher Land und im südlichen Teil Ostbelgiens sind eine Idee, die schon unsere Vorfahren gut fanden. Cäsar berichtet in „De bello gallico“ von lebenden Einfriedungen, und im Mittelalter steckten die Bauern gern ihren Hof mit Weißdorn und Rotbuchen ab, um das Vieh besser hüten und den Weiden Grenzen setzen zu können.

Wer die Hügel aufwärts zieht, hat den rechten Blick für die Hecken von Wirtzfeld, die das Land zum Stickmuster machen. Formen, Farben und Lebensräume werden hier vom grünen Band der Hecken bestimmt, die – das ist die Besonderheit – „auf den Stock gesetzt werden“ – und von einzelnen Bäumen, den Durchwachsern. Sie recken sich über die Heckenbänder und sorgen für stets frisches Grün: Die Samen keimen im Frühjahr und sichern neue Stecklinge.

Hecken haben die Landschaft des deutsch-belgischen Naturparks seit Beginn ihrer Besiedelung geprägt und nehmen noch heute wichtige Funktionen ein. Die erste Idee zu ihrer Anpflanzung hatten die Eifeler, als ihnen klar wurde, dass Ackerbau und Viehzucht eine angenehmere Lebensgestaltung versprechen als Jagen und Sammeln.

Und bei dieser neuen Betätigung kamen den Bauern noch ganz andere Ideen. In Krinkelt bei Rocherath kann noch eine uralte Technik bewundert werden: Das Flüchsen. So heißt die Idee, Bäche über Wiesen zu leiten, um dem Grün die fehlenden Mineralien zuzufügen. Die Folge: Geflüchste Wiesen erblühen in großer Farbenpracht, denn die Blumenarten sind vielfältig und bergen manchen Schatz.

Abgesehen von derlei Besonderheiten ist das landschaftliche Bild südlich des Hohen Venns vor allem von ausgedehnten Wäldern bestimmt, die bis nach Deutschland und Luxemburg reichen und romantische Bachtäler einschließen. Gemeinsam mit dem Naturpark Nordeifel bildet der Naturpark Hohes Venn-Eifel den 2439,7 Quadratkilometer großen Deutsch-Belgischen Naturpark. Hügelige Weidelandschaften, entlegene Dörfer und weite Wälder prägen das Bild in der belgischen Eifel.

*OBEN:
Wiesen, Wälder, Flüsschen prägen das Bild: Bei Gdoumont nahe Malmedy*

Wer Glück hat, trifft im tiefen Tann ein Rückepferd, das in Belgien traditionell hilft, die gefällten Baumstämme aus dem Wald zu ziehen und auf Pferdetransportwagen zu hieven. Der Fachmann weiß: Die Methode ist überaus umweltschonend. Wo Trecker tiefe Spuren in den empfindlichen Waldboden graben würden, verdichten die braven Kaltblüter den Boden nur unwesentlich und helfen, den Zauber der bedrohten Natur zu schützen.

Der ist an der Our besonders groß. Wer das Flüsschen wirklich genießen will, sollte sich die Füße an seinem Saum wund laufen. So romantisch, abgelegen und still ist die Our abseits der Straßen. Der Oberlauf mit seinen angrenzenden Wiesen wird von Naturschützern mit Argusaugen bewacht. Unter Schutz stehen auch Holzwarche und Großweberbach. Die Quellgebiete von Ulf und das Naturschutzgebiet Thommen runden das heile Bild von Mutter Natur ab.

Ebenso empfindlich, aber weitaus berühmter, ist dagegen das Hohe Venn in all seiner Eigentümlichkeit. Schon 1966 wurde dem Hochmoor vom Europäischen Rat in Straßburg das „Diplom für Naturschutz" verliehen. Seine Höhenzüge sind eine natürliche Barriere zwischen dem Eupener Land im Norden und der Eifel im Süden. Denken wir uns – mit etwas Fantasie – den Osten Belgiens als Körper, so bildet das Hohe Venn die Taille einer menschenarmen Region, die seit alters gut beschuhte Wanderburschen, aber auch feinsinnige Poeten wie Guillaume Apollinaire anlockte.

LINKS:
Wer genießen will, muss wandern: Felder bei Meyerode nahe Amel

Der natürliche Oberkörper Ostbelgiens ist das Eupener Land mit dem Hertogenwald und den Gemeinden Eupen, Kelmis, Lontzen und Raeren. Seit dem 16. Jahrhundert wird hier Vieh gemästet und Grünland beackert. Die umliegenden Städte sorgten schon früh für Nachfrage.

Um Platz für Hof und Weiden zu schaffen, lösten sich damals ganze Dörfer zugunsten von Streusiedlungen auf, die mit Hecken umgeben wurden. Die typische „Bocage-Landschaft" entstand auch hier und sie ist noch immer zu sehen, wenn auch stark reduziert. Denn immer mehr Straßen werden asphaltiert, immer mehr Monokulturen angelegt, immer mehr Neubaugebiete ausgewiesen, immer mehr Gewerbebetriebe angesiedelt. Kleine landwirtschaftliche Betriebe werden unwirtschaftlich, und die Städter ziehen zum Zweitwohnsitz aufs Land.

Auf solch eine Idee wäre im vorigen Jahrhundert niemand gekommen: Kelmis galt als bedeutendste Zinkgrube Europas. Die Schornsteine rauchten, die Knappen schufteten für kargen Lohn. Giftige Schwaden waberten durch die Straßen. Das schwefelgelbe Galmeiveilchen wies punktgenau den Weg zur nächsten Bohrung.

Vorbei. Vorbei. Auf den Halden wächst heute neues Leben, und die Galmeiflora wird bestens gehütet in überwiegend unzugänglichen Naturschutzgebieten: Vom Völkerich bei Gemmenich bietet sich ein herrliches Panorama über Bleiberg und Galmeiflora. Der wilde Thymian und die kleine Bibernelle, der

LINKS:
Brave Kaltblüter schützen den Zauber: Holzrücker mit Pferden bei Petergensfeld nahe Raeren

Voll urwüchsiger Kraft und Schönheit: Holzrückerpferd bei Petergensfeld

scharfe Hahnenfuß, die violette Grasnelke, das weiße Galmeitäschel: Das Gold der Erde von Kelmis erzählt auf seine Weise Geschichten von des Menschen Gier, Sucht und Abenteuer.

> **i** Das Göhltalmuseum in Kelmis/Hergenrath beschreibt den Galmeiabbau und die Erzverhüttung. Ein Raum ist der Flora gewidmet, die sich auf den zinkerzhaltigen Böden entwickelt.

OBEN UND RECHTS:
Das Gold der Erde erzählt Geschichten: Das Galmeiveilchen und das Naturreservat Kelmis

Impressionen aus dem Hohen Venn

„Meine Seele tritt scheu heraus"

Es glitzert auf Tannen, Hölzern, Zapfen, Sträuchern, Blättern – und auf den Anoraks der Skifahrer. Zwei schmale Bretter an den Schuhen, zwei Stöcke in der Hand, laufen sie schwatzend durchs Weiß, plumpsen in den Schnee, kreischen, lachen, üben das sanfte Gleiten unter dem Blau eines eiskalten Himmels.

Gerret steht fröstelnd in der eisigen Pracht. Angst im Blick auf das weite Venn, das gefürchtete. Schrecken verbreitet es und Einsamkeit. Mit hohen Hecken versuchen sich die Seinen vor den Stürmen zu schützen, endlos sind die Winter, abgeschieden von der Welt, umzingelt von tückischen Eislöchern und dem wilden Schweigen einer endlosen Weite. Fliehen möchte er, fliehen.

Doch alle Wege führen ins Nichts. Unwirtlich ist das Land mit seinen tiefen wispernden Wassern und dem federnden Untergrund; abweisend und wortkarg sind seine Bewohner. Sie leben in Höfen, verloren im sumpfigen Land, umzingelt von düsteren Mauern und hohen Hecken, die den Winter nach draußen verbannen wollen, aber den Himmel versperren und das Grau ins Haus einladen. Das lastet schwer auf dicken steinernen Mauern – und auf Gerrets Seele.

Neben Haus Ternell flackert ein munteres Feuer im Eisenkorb. Skifahrer, dick vermummt in Jacken, Mützen, Schals, reiben sich die erstarrten Finger an der Wärme der Flammen, umklammern ein Glas Glühwein, der dickflüssig und feurigrot aus Stahltöpfen rinnt. Drinnen im Café ist der Holzboden mit Schneewasser überschwemmt. Nach einer anstrengenden Tour über fünf, acht oder gar elf Kilometer lange Loipen schmeckt der Eintopf köstlich. Ein paar Belgier probieren ihn und halb Holland und Deutschland. Rund 20.000 Besucher zählen die Wintersportzentren im Hohen Venn an einem einzigen schneereichen Wochenende. Autos stapeln sich auf holprigen Parkplätzen, bilden endlose Reihen auf der Vennstraße zwischen Botrange und Eupen/Verviers ...

VORHERIGE SEITE:
Alle Wege führen ins Nichts: Winter im Hohen Venn

OBEN:
Mittelpunkt einer stillen Welt: Signal de Botrange

RECHTE SEITE:
Wanderer, dick vermummt in Jacken, Mützen, Schals: Eiskalter Wintertag im Venn

Voller Schwermut
und Heimtücke: Das
Hohe Venn

GERRET WIRD NIE WARM. SELBST NACHTS, WENN ER SICH MIT DER MUTTER EIN BETT TEILT, DENKT ER FRÖSTELND AN „SIE“, DIE DRAUßEN HOCKT IM VENN; „SIE“ MIT DEN „SCHWEREN, NACHTDUNKLEN FLÜGELN“. – UND WENN DIE NEBEL SICH ÜBER DEN RINNSALEN WÄLZEN, WENN DIE STÜRME UMS HAUS JAULEN, HÖRT ER DRAUßEN DIE ARMEN SEELEN JAGEN, SCHREIEND UND WEHKLAGEND, DIE SEELEN DER VERLORENEN, DER VERIRRTEN, DIE NIE MEHR DEN WEG HINAUSFANDEN, HINAUS AUS DEM MOOR.

---

100 Jahre liegen zwischen diesen Impressionen. 100 Jahre, die eine einsame, gefürchtete, abgelegene, verwunschene Landschaft in einen Tourismusmagneten verwandelt haben, der den Freizeithunger geschickt, aber naturbewusst organisiert und dabei durchaus mit dem Grauen spielt, das noch immer über der Landschaft liegt.

In den Zeiten, als die Eifeler Schriftstellerin Clara Viebig ihren „Gerret“ erfand, war das Venn eine bedrohliche Region mit wortkargen Menschen, die sich in ihr Schicksal fügten, die gottesgläubig, arbeitsam und ergeben durch ihren Alltag gingen. Nur ein Fremder wie Gerret mochte und konnte sich nicht arrangieren mit der Verlorenheit, die in den ärmlichen Hütten nistete. Der Anblick der wilden, weiten Einsamkeit machte ihn depressiv und todessüchtig.

Tatsächlich ist das Hohe Venn noch heute voller Denkmäler, die von seiner Gefährlichkeit erzählen – und von Verirrten berichten, die vor dem Bau der Straße Eupen–Malmedy 1856 und vor Eröffnung der Eisenbahnlinie Aachen–Malmedy 1885 die armseligen, unsicheren Karrenwege über die wilden Höhen nutzen mussten und oft für immer in den sumpfigen Tiefen verschwanden.

Baraque Michel, heute Startpunkt vieler Vennwanderungen, ist der sagenumwobene Mittelpunkt des Hohen Venns. Hier lebte Michel Schmitz, der – nachdem er sich 1808 selbst auf der Hochfläche verirrt hatte – gelobte, eine Hütte (Baraque) an der Wegegabel von Jalhay nach Malmedy und Sourbrodt anzulegen, um Hilfesuchenden das Leben zu retten. Der Lederfabrikant Le Chevalier Henri-Toussaint de Fischbach stand ihm nicht nach: Er baute 1830 an der Baraque Michel eine Kapelle, deren Türmchen ein Leuchtfeuer erhellte. 130 Verirrte fanden dadurch den Weg zurück.

Zu ihren Lebzeiten dürfte das Venn noch 12.000 Hektar groß gewesen sein, heute umfasst die von Moor bedeckte Hochfläche rund um Baraque Michel, Botrange und Mont-Rigi gerade noch 4500 Hektar. Dennoch wächst die Anziehungskraft – in dem Bewusstsein, wie stark auch dieses letzte aktive Hochmoor Westeuropas gefährdet ist. Knüppeldämme und ausgewiesene Wege bewahren die leuchtenden Narzissenwiesen, das Wollgras und Heidekraut vor Zerstörung und versprechen dem Wanderer Sicherheit. Die ist auch nötig: Unter seinen Füßen liegt meterdicker

OBEN:
Ein Leuchtfeuer fürs Türmchen: Die Kapelle Fischbach nahe Baraque Michel

Torf, der verhindert, dass Wasser in die Tiefe sickert. Er liegt wie ein riesiger Schwamm an der Oberfläche. Bis zu 7,30 Meter dicke Torfschichten speichern Unmengen Wasser. Fast versteht es sich von selbst: Hier regnet es viel und hier ist es mit einer Jahresdurchschnittstemperatur von 6,1° C recht kalt.

Die Kleider des Venns sind mal grün, mal weiß, mal gelb, mal braun – wie die Jahreszeit es will. Und die Launen des Wetters machen ungern und selten vor ihm halt, denn die Wolken regnen sich hier ab – schwer geworden auf ihrer Reise vom Atlantik. Ruppig weht der Wind, schneidet schwarze Tannen und Buchenhecken. Im Winter schneit es gern ohne Pause, und selbst im Sommer kann es in der Morgenfrühe eisig sein in manchen Tümpeln. Trotzdem stimmt Hermann Löns ein einziges Loblied an: „Ich freue mich an allem, was da lebt und webt und grünt und blüht, und an

OBEN:
Der Holzboden ist mit Schneewasser überschwemmt: Restaurant Baraque Michel

Neben den Bohlen
wispert und lauert es:
Bohlenweg im
Hohen Venn

OBEN:
„Ich will noch einmal ganz allein sein": Rundblättriger Sonnentau im Venn

dem weiten braunen Venn, das mir lieber ist als die himmelhohen Berge des Bündener Landes und das lachende Rheintal."

Das Venn wird gemalt, beschrieben und immer mal wieder beschimpft mit ängstlichen und garstigen Worten. Jeder hat eine andere Idee, warum er diesem Phänomen näher kommen will. Schriftsteller Ludwig Mathar begründet seinen Aufbruch: „Ich will noch einmal ganz mit mir allein sein." Allein mit den glitzernden Wasseradern im Moos. Allein mit dem Wollgras, das sich auf struppigen Inseln wiegt. Allein mit dem Fleisch fressenden Sonnentau, der Kleinen Moosbeere, mit Rosmarinheide und Torfmoos. Hier in der Einsamkeit ist es vielleicht eher zu hören, das eigene pochende Herz; ist eher zu spüren, wofür es schlägt, was es wirklich will vom Leben, genauso wie es Nanny Lambrecht 1927 in den „Rheinischen Heimat-

blättern" schrieb: „Und Nebel irren ums Heidehaus, und der grämliche Himmel dehnt sich aus, und meine Seele tritt scheu heraus."

Andere suchen auf den vielen Kilometer langen und gut ausgeschilderten Wegen geduldig nach dem Birkhuhn, das sich allerdings vom gemeinen Wanderer nur auf Schildern bewundern lässt. Dabei sind seine Gewohnheiten äußerst originell: Für den Winter hat es sich beispielsweise eine besondere Überlebensstrategie ausgedacht: Bei starkem Frost gräbt es sich in den Schnee, bis ein „Iglu" Schutz und konstante Temperaturen um – 5° C verspricht – bei Nacht und notfalls auch bei Tag.

Ein Grund mehr, Skiläufer und Wanderer zu ermahnen, auf den Loipen und Wegen zu bleiben. Ein aufgeschrecktes Birkhuhn verliert Energie und kann dem rauen Klima nicht mehr trotzen.

OBEN:
„In der Stille ist es eher zu spüren, das eigene, pochende Herz": Baumwollgras im Venn

Nicht nur Poeten geraten in Verzückung: In der Nähe von Baraque Michel

OBEN:
Nachhilfe im Fach Natur: Der Siebenstern leuchtet an Bächen und Wegen

RECHTE SEITE OBEN:
Tückisches Glitzern: Tümpel im Hohen Venn

RECHTE SEITE UNTEN:
Geheimnisvolle Ruhe: Szenen aus dem Venn

Von März an vollführen die Birkhähne ihren Balztanz. Sie plustern sich auf, springen in die Höhe, üben sich in Scheinkämpfen und geben eigenartige zischende und gluckernde Laute von sich. Die Weibchen beeindruckt das zunächst wenig. Sie erscheinen erst im April am Balzplatz und erhören nur den Haupthahn, bevor sie im Mai mit der Brut beginnen.

Wer mehr über derlei Naturphänomene wissen will, kann im Haus Ternell noch einmal die Schulbank drücken. Hier lernt er – meist ohne es zu wissen – „Earth education" kennen, eine amerikanische Erfindung, die die Liebe zu Tier und Pflanze vor das nüchterne Faktenwissen stellt und dazu einlädt, auch mal an einem Blättchen zu schnüffeln oder dem Gegurgel des Wassers zu lauschen. Nicht von ungefähr ist der „Siebenstern" das Wahrzeichen für derartigen naturnahen Tourismus. Dem Primelgewächs wurden in früheren Zeiten magische Kräfte nachgesagt: Es sei – so munkelten die Alten – sogar dem Tod gewachsen. Im Juli und August steht jeden Dienstag eine Entdeckungswanderung auf dem Programm, die derlei „Sagen und Legenden aus dem Hohen Venn" nachgeht.

In den C-Zonen, die nur mit geprüften Naturführern betreten werden dürfen, zeigt sich die ganze Zerbrechlichkeit des Moores, aber auch seine Tücke. Der Fuß tritt auf schwankenden Boden, vorbei geht's an trügerisch glänzenden Wasserlöchern, die wie düstere Augen verborgen unter den Wollgrasbüscheln liegen. Schmatzen und Schlürfen. Panische Suchaktionen kommen in Erinnerung, das Bangen um Verirrte. Angst geht um – am hellen Tag. Der Geist scheint sich zu verwirren und produziert nur noch Horrorgeschichten: Hatten sich nicht kürzlich Lütticher Studenten hier verirrt? Mussten eine lange Nacht ausharren neben den schwarzen Wassern?

Im Frühling oder im Spätsommer – wenn in Botrange und Ternell die roten Fahnen wehen – kann es ganz vorbei sein mit den Wanderfreuden. Bei Trockenheit droht ein Vennbrand – so absurd es klingt bei all der Nässe – und das Feuer frisst sich hinein ins trockene Torfmoos, kaum zu löschen und immer wieder entfachbar.

Eine Landschaft voller Wildnis. Gefährlich und gefährdet, aber überaus anziehend in ihrer morbiden Schönheit – heute wie vor 100 Jahren.

Er denkt an „Sie" mit den „nachtdunklen Flügeln": Abendstimmung im Venn

Wilde Schönheiten: Knabenkraut (links) und Weidenröschen (rechts) werden sorgsam gehütet

Wo die Natur zu Hause ist

Zwei Adressen sollte sich der Vennbesucher merken: Im Naturparkzentrum Botrange gibt's Informationen über den Naturpark Hohes Venn-Eifel und Wandervorschläge für das Naturschutzgebiet Hohes Venn. Auch geführte Wanderungen im Venn sind möglich, und ein „Natur erleben"-Programm macht es an den Wochenenden leichter, dieses kostbare Fleckchen Erde kennen zu lernen.

Im Haus Ternell werden Naturführer ausgebildet. Zudem werden die Tiere und Pflanzen der Region vorgestellt. Nicht zuletzt gibt's Themenwanderungen für Teilnehmer jeden Alters.

Naturparkzentrum Botrange
Route de Botrange 131
4950 Robertville
Telefon: 0032(0)80-440300
www.centrenaturebotrange.be

i Naturzentrum Ternell
Ternell 2/3
4700 Eupen
Telefon: 0032(0)87-552313
www.ternell.be

TIPP! Wer das Hohe Venn fahrend durchstreifen möchte, kann sich „Rail & Bike" anvertrauen: Auf einem Stahlschlitten geht's über Eisenbahnschienen durchs weite Land. Antriebskraft sind die eigenen Beine: Das Gefährt wird rechts und links von zwei Fahrrädern angetrieben.

i 0032-(0)-80685890
www.railbike.be

Die Kreuze im Venn

Zwei Eichen recken sich über den Schnee und umschlingen einander, als wollten sie im Geäst Halt und Stütze suchen. Darunter ein Kreuz, das still an die Verlobten François Reiff und Maria Solheid, erinnert – zwei Verliebte, die nichts als heiraten wollten. Am 21. Januar 1871 brachen sie in Jalhay auf, um den 20 Kilometer langen Weg übers Venn nach Xhoffraix zu gehen, wo sie die Heiratspapiere des Mädchens holen wollten. Das Venn war tief verschneit. Ein eisiger Südostwind fegte über die Höhen, und Freunde rieten dringend vom Marsch ab. Vergeblich. Der Bauarbeiter und das Hausmädchen schwelgten im Glück, fühlten sich unverwundbar in ihrer Liebe – und kamen nie ans Ziel.

Erst nach der Schneeschmelze im März wurden ihre Leichen gefunden, zwei Kilometer voneinander entfernt: François Reiff lag im Biolètes-Venn bei Solwaster. Der junge Mann trug festliche Sonntagskleidung. Das Mädchen starb bei Sart Lerho am preußisch-belgischen Grenzstein 151. Vennkenner vermuten, dass sie hier zusammengebrochen war. Da sie François für tot hielt, hinterließ er einen Zettel: „Marie ist soeben verstorben, und ich werde jetzt auch sterben." Er stolperte weiter und verirrte sich. Die Tragik: Marie war ursprünglich nur ohnmächtig und nur rund 1.800 Meter von Baraque Michel entfernt, das ihre Rettung bedeutet hätte. Romeo und Julia im Venn ...

Geschichten wie diese umranken die Kreuze im Venn. So erzählt das „Croix Michel" (Michelkreuz) von einem erschossenen Förster, ein anderes erinnert an Pierre Pikray, der 1882 in einem Moorloch umgekommen ist. Ein Überfall auf den Landwirt Leonard Schumacher aus Weywertz wird im Kreuz ebenso unvergesslich wie ein Unfall, bei dem Heinz Weynand ums Leben kam.

Schicksale über Schicksale stehen hinter den oft schlichten Holzsymbolen, und einige erinnern an die Geschichte des Venns: Das „Kreuz der Gefangenen" beispielsweise wurde zum Gedenken an ein Gefangenenlager für 52 russische Kriegsgefangene errichtet, die vom März 1943 bis September 1944 an der Rurbrücke Bosfagne im Rurvenn ausharren mussten. Das „amerikanische Fliegermonument" ist ein eindrucksvolles Zeugnis des Absturzes eines amerikanischen Flugzeuges: In den grotesk verbogenen Tragflächen des Flugzeugs scheint das Grauen der Luftschlachten konserviert zu sein.

Besonders eindrucksvoll: Das „Kreuz im Venn" auf der Richelsley, das Pfarrer Gerhard Joseph Arnoldy, der Erbauer des „Eifeldoms" in Kalterherberg, auf eigene Kosten errichten ließ. Sechs Meter hoch und 1338 Kilogramm schwer ist das fest im Fels verankerte Kreuz. Es erinnert an Stephan Horrichem, den „Apostel des Venns", der von 1639 bis 1686 Prior des Prämonstratenserklosters Reichenstein war und während des Dreißigjährigen Krieges zum Wohltäter der schicksalsgeschüttelten Region wurde.

i Einen detaillierten Überblick über die Kreuze im Venn gibt Günter Metz in seinem Buch „Unterwegs im Hohen Venn – Mit Sonderteil Kreuze im Venn" (GEV, ISBN 90-5433-162-3).

In seinem Roman „Brautfahrt im Hohen Venn" (1935) hat Ludwig Mathar das Schicksal der beiden Verlobten Franz Reiff und Maria Solheid beschrieben. In seinen Büchern „Das Schneiderlein vom Hohen Venn" (1932) und „Straße des Schicksals" erzählt er den Lebensweg von Michel Schmitz, dem Gründer der Baraque Michel, und berichtet über den Bau der Landstraße von Eupen nach Malmedy.

Verloren in inniger Liebe:
Das Kreuz der Verlobten

18

Seen und Wasser

7000 Jahre in einer Hand

Es nieselt ohne Unterlass, und das Hohe Venn hat sich einen zartgrauen Schleier umgelegt. Schwarz ragen Stämme aus dem Dunst, über den Bohlen wispert und lauert es. Abweisend ist das Land – und ganz typisch nass. Mit dem 694 Meter hohen Botrange zieht das Venn jede Schlechtwetterfront an, die von der Nordsee naht. Ohne all die Schauern, Platzregen, Ergüsse, Wolkenbrüche, Niesel, Dauerregen und Schneeflocken wäre es kein Hochmoor. Und wäre es kein Hochmoor, hätte es nicht die Fähigkeit, Wasser aufzusaugen wie ein Schwamm.

In grauer Urzeit wurde dieses Wunder begründet: Vor 12.000 Jahren, die Eiszeit geht allmählich zu Ende, wachsen Flechten und Moose auf den dichten Tonböden des Hochplateaus. Als es wärmer wird, entwickelt sich ein Busch- und Waldland mit Mulden und Tälern, die das Wasser stauen und im Laufe vieler Jahre versumpfen. Das Torfmoos entsteht, denn es findet wichtige Grundlagen: gestautes Wasser und nährstoffarme saure Böden.

VORHERIGE SEITE:
Ruderschläge in romantischer Kulisse: Der See von Robertville

OBEN:
Erdgeschichte mit Händen fassen: Hier wurde früher Torf gestochen

RECHTE SEITE:
Wild, aufbrausend und immer in Bewegung: Der Bayehonbach bei Ovifat

Vor rund 5000 Jahren hatte es seine „beste Zeit". Es nahm Wasser und Nährstoffe auf, speicherte rund 72 Liter pro Quadratmeter und konnte auf den unteren Teilen der absterbenden Pflanze, dem Torf, neu sprießen. Die Schichten wuchsen – um einen Millimeter pro Jahr, und heute lässt sich leicht rechnen: Wer Torfschichten von sieben Metern Höhe findet, kann 7000 Jahre Erdgeschichte mit Händen fassen.

Vier Nationen profitieren von dieser Torf-„Zisterne". Doch wer denkt schon darüber nach, dass sein Wasser aus dem Venn fließt und in Belgien, Luxemburg, Holland und Deutschland gestaut, ver-

Zeugnis für den planvollen Umgang mit Wasser: Die Wesertalsperre in Eupen

braucht, genutzt und verschmutzt wird – allein in zehn Talsperren und Kraftwerken Belgiens und Deutschlands?

Dabei ist das Nass von ganz unterschiedlicher Qualität: Die *Schwarze Rur* etwa, in Belgien als „La Noire Eau" bezeichnet, zieht torfbraun und dunkel durchs Land. Das Wasser ist sauer, durchsetzt mit Torf und Huminsäuren, was Wasserläufer lieben, aber Forellen den sicheren Tod bringt. Ganz anders dagegen das Wasser der *Kleinen Rur*, die im Venn nahe Sourbrodt entspringt und – vom Torf unberührt – Trinkwassergüte hat.

Früher schaffte so etwas Probleme: Die Bewohner von Robertville etwa hatten alle Mühe, ein Schlückchen „gutes" Wasser zu ergattern. 200 Jahre lang versuchten sie den Sourbrodtern zu verbieten, Wasser aus einer Rinne zu zapfen, das ihnen den Zugang zum Trinkwasser verschaffte. Schlägereien wurden angezettelt, Gerichte bemüht, und als das nichts fruchtete, Viehtränken zerschlagen und Feuer gelegt, bis 1735 endlich eine Grenzänderung gutes Wasser für alle sicherte.

Heute sind solche Geschichten nur noch Kuriositäten. Verbundsysteme sichern gutes Trinkwasser für alle, und Robertville hat einen malerischen Stausee, der auch noch zum Rudern, Segeln oder Elektrobootfahren einlädt. Motorboote und Surfer müssen allerdings draußen bleiben. Die 80 Hektar große Talsperre, von der unteren Warche gespeist, wurde von 1925 bis 1929 erbaut und hat ein Fassungsvermögen von acht Millionen Kubikmetern.

RECHTE SEITE:
Die obere Warche gestaut: Der See in Bütgenbach

Wasser wälzt sich durch Busch und Wald: Der Wasserfall des Bayehonbachs bei Ovifat

PIONER TAMARAN

Vertrautes Zusammenspiel: Freizeitvergnügen am See von Robertville

Die Wesertalsperre bei Eupen ist Belgiens größtes Beispiel für den planvollen Umgang mit dem Wasser. Wie wichtig Eupen schon seit jeher das Wasser nahm, spiegelt sich im Namen wider: „Epe" ist Niederländisch und bedeutet „Wasser". Wie in Monschau wurde auch hier das Wasser für die Tuchmacherei genutzt. Das brachte Probleme mit sich: Die Wasserläufe waren verschmutzt und schon im 18. und 19. Jahrhundert wurden Laufbrunnen und Pumpen eingerichtet, 1884 sogar eine Zentralwasserleitung.

Perfekt war das nicht. Deshalb begannen schon 1935 erste Planungen für eine Wesertalsperre, die jedoch erst 1950 fertig gestellt werden konnte. Die Staumauer ist imposante 66 Meter hoch und 410 Meter lang. Der See fasst 25 Millionen Kubikmeter Wasser.

Ein Lehrpfad informiert über das A und O guten Wassers. Auf dem asphaltierten Rundweg um die Talsperre treffen sich Radfahrer, Jogger und Wanderer. Von der Taverne aus – ganz in der Nähe des Parkplatzes – öffnet sich ein weiter Blick über Land und Wasser.

„Baden verboten, Trinkwasser hat Vorrang", heißt es auch an der Gileppe-Talsperre, die zu den ältesten Stauwerken Europas zählt und von einem 13,5 Meter hohen Löwen bewacht wird. Der Name stammt vom Flüsschen Gileppe, das sich wie andere Wässer des Venns in den Stausee ergießt. Hier hängt der Raum Verviers am Tropf. Und damit jeder sieht, wie schön es hier weit und breit ist, lädt ein Aussichtsturm zur Fahrstuhltour in 80 Meter Höhe ein.

OBEN:
Ziel für Wassersportler: Bütgenbach mit der St. Stephanuskirche

RECHTE SEITE:
Der Freizeitindustrie liebstes Bild: Segelboote auf dem Bütgenbacher See

BEL
1254
BEL
1258

Als Touristenattraktion war der gute Ausblick bisher nicht der Rede wert, doch das soll sich ändern: Die neue Betreibergesellschaft möchte mehr Gäste in den Turm führen und hat erst einmal den Eintrittspreis gestrichen. Oben angekommen, gibt's neben dem fantastisch weiten Blick übers Land Informationen und eine Tasse Kaffee im Restaurant.

Doch der Freizeitindustrie liebste Bilder sind Fotos von planschenden Kindern, von Segelbooten und Kanuten: In Bütgenbach sind sie im Sommer alltäglich. 1932 wurde hier die obere Warche zum See mit einer Wasserfläche von 120 Hektar und einem Fassungsvermögen von 11 Millionen Kubikmetern gestaut. Segeln, Schwimmen, Tauchen, Kajak- und Kanufahren, Angeln, Rudern, Paddeln und Surfen erlaubt – Motorbootfahren streng verboten.

Das Freizeitzentrum Worriken erhöht des Urlaubers Freuden mit Bootsverleih und Vergnügungen zum Zeitvertreib. Auch wenn die futuristisch-dunklen Spitzen der Ferienhäuschen sicherlich nicht jedermanns Sache sind, lädt ein Hochseilgarten, ein Kletterturm und eine Kletterwand die Jugend zum Nervenkitzel ein. Kajak-Polo ist an den Seegestaden der letzte Sommerschrei. Wie das geht? Ein Ball wird von Spieler zu Spieler befördert, die zur Abwechslung mal nicht schwimmend, sondern im Kajak durchs Wasser preschen. Worriken-Direktor Werner Baumgarten setzt alles daran, nach dem „schrecklichen Jahr 2004", als die Renovierungsarbeiten an der Staumauer Totenstille über den See legten, wieder Leben an die Ufer zu bringen.

Wer's beschaulicher mag, kann Ostbelgien mit der Angel erfassen. Schon die allerersten Urlauber erkannten kurz nach dem Krieg, dass die Bäche, Weiher und Seeufer zum Ködern einladen. Bütgenbach spielt für Barsch & Co. eine große Rolle, denn der Ort ist Mittelpunkt der „belgischen Seenplatte". Das verrät schon der Name: „Mit den Bütten zum Bach" – womit der Volksmund den Brunnen auf dem Marktplatz meint. Hier entspringen – unweit des Losheimergrabens – zwei wichtige Wasserläufe der Eifel: die Our und die Warche.

In Weywertz lädt die idyllische, ehemalige Mühle die Angler ein. Und Wirtzfeld wird von namenlosen Rinnsalen wieder und wieder durchschnitten. Die Folge: Elf Brücklein zählt das Dorf an der Holzwarche.

Vielerorts bahnt sich das Wasser in Ostbelgien seinen Weg, mal gurgelnd, mal machtvoll trägt es den Fluss des Lebens, führt in ruhigere Gewässer, wird wild und aufbrausend, beweist, dass alles in ständiger Bewegung und doch unverändert ist. So lange es im Venn nieselt, regnet, nebelt und schneit ...

> **i** 150 Kilometer lang ist die „Venn- und Seenroute", die den Autofahrer von Eupen vorbei am Hohen Venn über Weismes/Waimes, Bütgenbach, Büllingen, Amel, Malmedy zurück nach Eupen führt. Eine Informationsschrift ist in den Touristikbüros erhältlich.

OBEN:
Elf Brücklein zählt der Ort: Wirtzfeld mit der St. Anna-Kirche

RECHTE SEITE:
Mal gurgelnd, mal machtvoll: Wiese mit Bach bei Möderscheid

Tourismus

Wo der Ritter die Edelfrau raubte

Seien wir ehrlich: Wer ein Gebirgsmassiv oder eine Steilküste benötigt, um sich in Urlaub zu fühlen, wer von blauen Lagunen und Palmenstrand träumt, ist im Osten Belgiens fehl am Platz. Grün ist die wichtigste Farbe, ein Grün in allen Schattierungen, mal sonnengesprenkelt, mal düster, mal nass, mal frostig.

Das Auto rollt vorbei an Feld-und-Wiesen-Teppichen – gesprenkelt mit Butterblumen und Gänseblümchen, durchwirkt von Hecken und Wäldern, hinter denen dann und wann ein verwittertes Schlösschen seine müden Mauern zeigt. Spektakulär ist das nicht. Und wer nichts weiß über die Historie des Landes, wer keine Liebe zu all ihren Geschichten mitbringt, ist vielleicht enttäuscht von der Gelassenheit, die hier Mensch und Land umgibt.

Burg Reuland etwa erscheint ihm an einem fahlen Märztag wie eine gottverlassene Festung, die sich mit mächtigen Türmen über den Berg reckt, umgeben von einsam gelege-

nen Häusern, in denen sich Altes und Neues eng verbinden. Irgendwo kläfft ein Hund, eine Frau schlurft zum Friedhof. Die St.-Stefanus-Kirche ist verriegelt.

Doch wer weiß, dass die Steine im 10. Jahrhundert aufeinander geschichtet wurden, dass Burgherr Dietrich von Reuland 1189 Kaiser Friedrich Barbarossa in den dritten Kreuzzug begleitete und die Sarazenen zurückschlug, bevor er an den Toren von Akka seinen Wunden erlag, ist angerührt. Und wer hört, dass nur wenige Kilometer entfernt eine Sage lebendig ist, die von einem Raubritter erzählt, der die edle Dame des Herrn von Ouren entführt und mit ihr einen Verzweiflungssprung in die Tiefe gewagt hat, ahnt, wie viel Leidenschaft in diesem entlegenen Winkel nistet.

In den Tälern der Our, wo gerade mal zwölf Menschen einen Quadratkilometer bewohnen, hat auch in unserer lärmenden Gegenwart die Stille noch Magie. Und wer sie liebt, der hofft, dass die „Allesgleichmacher" der Ferienindustrie ihr den Charme nicht rauben mögen – für einen rasch konsumierbaren Pauschalurlaub.

„Wir werben nicht für den mehrwöchigen Urlaub in Ostbelgien", sagt der Direktor des Verkehrsamtes der Ostkantone, Manfred Dahmen – von Journalisten scherzhaft „Mister Ostbelgien" genannt. „Wir sprechen Urlauber an, die für drei bis vier Tage ausspannen möchten. Unsere Hauptargumente sind Natur, Ruhe und Lebensqualität." Unter den Vorzeichen eines sanften Tourismus, der

VORHERIGE SEITE:
Viel Vergnügen auf zwei Schienen: Die „Rail Bike"-Tour führt von Sourbrodt nach Kalterherberg und zurück

LINKS:
Burgherr Dietrich schlug die Sarazenen zurück: Gemäuer von Burg Reuland

nicht auf Hochhäuser setzt, sondern die Natur schont. Mit netten Prospekten werden die Urlauber aufgefordert, keinen Müll auf die Wiesen zu werfen, auf den Wegen zu bleiben, die Gatter zu schließen, kein Feuer zu machen, nicht wild zu zelten, hübsch leise im Wald zu sein und die Hunde an die Leine zu nehmen.

Denn alle schwärmen aus und suchen Erholung – koste es, was es wolle. Um die Touristenströme behutsam zu kontrollieren, greifen die Experten zu einem Trick: Sie bieten beispielsweise im Winter den hordenweise einfallenden Skilangläufern 10.000 Sportgeräte zum Verleih an und liefern diskrete Ratschläge, wie Mensch und Natur problemlos miteinander auskommen können in den 40.000 Hektar Wald, 5000 Hektar Naturschutzgebieten und auf 2600 Kilometern beschilderten Wanderwegen Ostbelgiens.

Das Hohe Venn und das romantische Ourtal sind die Aushängeschilder der Region. Im Süden Ostbelgiens befinden sich die meisten der 90 Hotels, 700 Ferienwohnungen und 30 Campingplätze. Immer mehr Karten, immer mehr Routen, immer mehr Beschreibungen, immer mehr „schönste Ziele" locken den Wanderer zu diesen Zielen. Und dabei kann immer weniger von dem gebraucht werden, was früher den Fremdenverkehr auszeichnete: die Kirchturmpolitik.

Der moderne Tourist begnügt sich nicht mehr mit seiner „Sommerfrische", in der er zurückgezogen Muße sucht, sondern ist sozusagen auf der Flucht und hat vor nichts mehr Angst als vor der Langeweile. Er will das Land durchstreifen und am liebsten gleich alle Pluspunkte konsumieren, die es zu bieten hat. Grenzenlos.

Schon 1955 trafen sich in Brüssel Vertreter der Eifel-Ardennen-Region, um das gemeinsame geistige und kulturelle Erbe zu beschwören und den Raum zwischen Maas und Rhein zum „Kerngebiet des neuen Europa" zu erklären. Heute wird in Hochglanzprospekten für Natur, Kultur, Kuren, Badefreuden und Wohlfühloasen in Eifel und Ardennen geworben.

Das vom Verkehrsamt der Ostkantone veröffentlichte „Tourist-Journal" setzt auf Wassersport zwischen Bütgenbacher See und Rursee und verbindet damit souverän die belgische und die deutsche Eifel mit bunten Bildern von fröhlichen, kraftstrotzenden Menschen.

Selbst die Gastronomen haben die Macht der Verbrüderung entdeckt und ziehen an einem Strang – in Bütgenbach zum Beispiel, wo Gourmettouren ein Erfolgsrezept sind und fünf Restaurants dem vorbeiziehenden Wanderer oder Radfahrer ihre Spezialitäten anbieten. Die „Charme-Hotels" locken mit familiärer Gemütlichkeit, herzlicher Atmosphäre und „Wildwochenenden" ganz nah am nächsten Wald. Das „Wandern ohne Gepäck" ist längst eine Selbstverständlichkeit, und die Radfahrer finden im Radwanderwegenetz „Velo-Tour Hohes Venn – Eifel" über 850 Kilometer beschilderte Radrouten auf ruhigen Waldwegen und verkehrsarmen Nebenstraßen. Mit mehr als 2500 Arbeitsplätzen und einem Gesamtumsatz von schätzungsweise 75 Millionen Euro ist der Tourismus ein beachtlicher Wirtschaftsmotor der Deutschsprachigen Gemeinschaft.

Das hätten sich die allerersten Sommerfrischler sicher nicht träumen lassen, die 1892 im „Führer durch die Sommerfrischen der Eifel" von einer Anzeige angelockt wurden: Das St.-Josef-Kloster zu St. Vith nahm damals Gäste für drei bis fünf Mark pro Tag auf. Sie waren auf der Suche nach „Bergklima mit frischer, reiner Luft" und ergötzten sich an der „prachtvollen Landschaft ohne Fabriken". Nach dem Krieg kam die ostbelgische Sommerfrische erst richtig in Schwung. Am Stausee Bütgenbach begrüßten sich die Angler mit „Petri Heil" und in Büllingen zählten Jäger zu den ersten Hotelgästen, während sich die Vogelfänger nach Lüttich und Verviers aufmachten.

Heute sind die Vögel tabu, das Jagen ist nur mit Hindernissen erlaubt. Aber das Angeln ist noch immer ein beliebter Freizeitsport, zumal in Belgien nicht wie in Deutschland eine Angelprüfung abgelegt werden muss, sondern ein Angelschein reicht, um die Fische zu ködern und zu fangen.

Wer lieber selbst ins Wasser springt, kennt den Stausee von Bütgenbach, der seit Mitte der 60er-Jahre Gäste anlockt. Was mit dem Restaurant „Seepanorama" begann, ist heute das „Zentrum Worriken" mit einem Feriendorf, das in seiner nüchternen Klarheit nicht die romantische Seele befriedigt, aber zu Spaß und Spiel ganz nah am Wasser einlädt.

LINKE SEITE:
Häuser, die Altes und Neues verbinden: Blick von der Burg Reuland auf den Ort mit St. Stephanuskirche.

Ein Highlight ganz anderer Art bietet der Winter, sofern er denn einer ist – mit Schnee und Eis –, und das möglichst wochenlang. „Dann haben wir hier eine weitere Saison", schwärmt Manfred Dahmen. In den 22 Langlaufskizentren der Ostkantone herrscht Hochbetrieb. Auch wer noch nie auf Langlaufskiern stand, scheint sich hier auf die Pisten zu wagen, denn die 550 Kilometer gespurten Loipen, die drei Alpinskipisten und die vier Rodelpisten der Ostkantone sind übersichtlich ausgeschildert und scheinen einfach zu bewältigen zu sein. Mancher stärkt sich vorab mit einem Gläschen Glühwein, dann geht's los mit hochroten Wangen und zunehmend müderen Beinen.

Die Saison 2004/2005 brach mit 42 schneereichen Tagen alle Rekorde. Rund 150.000 Skifahrer stapften durch die tief verschneiten Wälder und bescherten den Skiverleihern und Kaffeehausbetreibern einen Umsatz von rund zwei Millionen Euro. Die Kehrseite: Zäh fließender Verkehr und Staus auf der Vennstraße zwischen Botrange und Eupen-Verviers und auf der Autobahn E 42 St. Vith–Verviers–Battice.

Im Stau treffen sich Flamen, Wallonen, Holländer, Deutsche und ... Ostbelgier. So einig sind sie sich nicht immer in ihren Vergnügungen. „Eigentlich müssten wir für jeden Bevölkerungsteil eine eigene Tourismuswerbung machen", sagt Manfred Dahmen. Die Flamen lieben unsere Landschaft und die sportlichen Möglichkeiten. Die Holländer sehen bei uns endlich einmal Bergrücken und freuen sich über die Fülle von Ferienwohnungen, die Deutschen lieben vor

LINKS:
Wo der Ritter die edle Dame verführte: Winter im Tal der Our zwischen Burg Reuland und Ouren

OBEN LINKS:
Fahrradweg „Velo-Tour" bei Amel-Montenau

OBEN RECHTS:
Blick zur Kirche der schmerzlichen Jungfrau in Bracht, nahe Burg-Reuland

RECHTE SEITE:
Die Our am Dreiländerpunkt in Ouren

allem das Hohe Venn, das gute belgische Essen und die Veranstaltungen." Ganz sicher lieben sie auch das Gefühl, ein Stück Ausland und damit Vielfalt so nah vor der Haustür zu haben. Die frankophilen Einflüsse rund um Malmedy ziehen so manchen hin zum Land der Hecken.

Vor allem aber ist Ostbelgien mit seinem geheimnisvollen Venn und der bewegten Geschichte noch immer ein Refugium für Genießer, die notfalls auch im Nieselregen noch gern durch Wald und Feld stapfen und dem Wispern des Getiers lauschen.

Das wollen offenbar immer mehr: Konnte die Deutschsprachige Gemeinschaft 1982 noch 177.691 Übernachtungen verbuchen, waren es 2003 schon 413.066 – Tendenz steigend. Und das ganz ohne Gebirgsmassiv und Steilküste.

i Verkehrsamt der Ostkantone (VAO)
Mühlenbachstraße 2
4780 St. Vith
Telefon: 0032(0)80-227664

Dem Wispern des Getiers lauschen: Im Wald südlich von Eupen

Edle Spuren von Vater und Sohn Couven

Kenner bekommen glänzende Augen, wenn der Name von Vater und Sohn fällt: Johann Joseph und Jakob Couven haben das Bild der Reichsstadt Aachen im 18. Jahrhundert geprägt – und auch in Belgien und in den Niederlanden edle Spuren hinterlassen. Sie sind bis heute zu besichtigen.

Allen voran glänzt Eupen mit dem Erbe der genialen Baumeister: Das 1752 erbaute Haus Vercken am Marktplatz, auch Klösterchen genannt, gilt als das schönste erhaltene Bürgerhaus Couvens.

Sehenswert sind auch der Hochaltar in der St.-Nikolaus-Pfarrkirche, das Palais an der Klötzer-

bahn im Stil einer französischen Hofanlage und weitere Kaufmannshäuser an der Klötzerbahn und an der Gospertstraße.

Lohnend ist eine Fahrt durchs Eupener Land: In Kettenis, Astenet und vielen anderen Orten finden sich Spuren der großen Baumeister.

TIPP! „Unterwegs auf Couvens Spuren" heißt ein im GEV (Grenz-Echo-Verlag) erschienener Reiseführer, der kenntnisreich die Welt der beiden Architekten beschreibt und Gebäude in Aachen, in der Deutschsprachigen Gemeinschaft, im Limburger und Lütticher Land sowie in Niederländisch- und Belgisch-Limburg vorstellt (ISBN 90-5433-187-9).

Das Erbe genialer Baumeister:
Die Mariensäule auf dem Markt in Eupen (linke Seite), das Couven-Haus in Eupen-Nispert (linke Seite, oben), das Stadtmuseum in der Gospertstraße (oben links) und das Franziskanerkloster am Eupener Marktplatz (oben rechts)

chönheitsstudio

Steine erzählen vom Kaufmannsstolz: Häuser am Eupener Werthplatz

Museen

Als Krüge Politik machten

Beim Bier wird manche Zunge locker: Deftige Reden über Kirche und Staat geben dem Stammtisch Würze. Aber was würden Sie denken, wenn Sie auf Ihrem Bierkrug lesen müssten, dass Priester die reinsten Übeltäter sind und ein schreckliches Lotterleben führen?

Im 17. Jahrhundert war derlei üblich: Was damals die Bierkrüge zierte, würde heute manchem Zecher den Durst verleiden: „Papen kopen di frowen af" – „Papen verleiden" – „Papen bankettieren" steht auf Kruges Bauch, und das heißt: „Pfaffen kaufen sich Frauen, verführen, feiern Fress- und Sauforgien." So ungeschminkt, so ganz und gar hemmungslos hat's kein Geringerer als Jan Emens-Menneken 1590 auf einem Gefäß verewigt, Raerens berühmtester Töpfer. Durch Zufall wurde der 33 Zentimeter hohe Krug mit Zinndeckel im Kunsthandel entdeckt – ein weiteres Indiz für die Kraft und die Respektlosigkeit der Raerener Töpfer, die ganz offensichtlich auf ihre Weise Politik betrieben – in ihrem

abgeschiedenen Dorf: Was sie anprangerten, war oftmals die Wahrheit.

Der Klerus des ausgehenden 16. Jahrhunderts lebte manchmal ungezügelt, und das hatte einen Grund: Die Söhne und Töchter vieler Adliger wurden kurzerhand im Kloster „entsorgt“, das sie gegen eine großzügige Mitgift aufnahm und außer Gefecht setzte: Sie konnten den Erben keinen Ärger mehr bereiten. Zum Ausgleich gaben sich viele „Geistliche“ dem Lotterleben hin: Aber auch einfache Priester, Bischöfe, Kardinäle und sogar Päpste hatten eine Reihe unehelicher Kinder und lebten in Saus und Braus.

Ian Emens-Menneken war zu seiner Zeit nicht irgendein Töpfer. Er hat sein abgeschiedenes Dorf Raeren, das sich als Rodung in den Wald hineingefressen hatte, in aller Welt berühmt gemacht: Deutschlands Kaiser, die Könige von Spanien, Frankreich, Polen, Schweden und Böhmen dinierten im 17. Jahrhundert mit Gefäßen aus Raeren, und auch das einfache Volk ließ es sich mit den Pötten gut gehen: Auf Pieter Brueghels berühmtestem Gemälde „Bauernhochzeit“ prassen die fröhlichen Zecher mit irdenen Töpfen aus Raeren.

Die Töpfer arbeiteten in Zünften nach Regeln, die 1619 durch den niederländischen Statthalter bestätigt und 1760 durch Kaiserin Maria Theresia erneuert worden waren. In den Verordnungen war genauestens festgelegt, wie viel Ton jeder bekam und wer überhaupt Mitglied werden durfte: Das Recht, töpfern zu dürfen, stand nur ehelich geborenen Söhnen und Einheimischen zu, die an ihren Töpfen so viel verdienten, dass sie sogar den Landadel überbieten konnten.

Trotz allen Standesbewusstseins war der Niedergang programmiert. Die Französische Revolution schnitt die Verbindungen zum Rheinland und damit zum Salznachschub ab. Das Schlimmste aber: Porzellan und Glas verdrängten die Keramik als Gebrauchs- und Ziergeschirr. Die Industrialisierung machte die Töpfer nach dem Ersten Weltkrieg arbeitslos.

Heute erzählt das Raerener Töpfereimuseum von der alten Herrlichkeit – in einem wunderbaren Ambiente: Die Ausstellungsstücke sind im Gemäuer einer imposanten Wasserburg zu sehen, deren ältester Teil im 14. Jahrhundert gebaut wurde. In sechs Räumen werden rund 2000 Exponate rheinischer Keramik aus 500 Jahren gezeigt.

i Burg Raeren
Töpfereimuseum
Burgstraße 103
4730 Raeren
Telefon: 0032(0)87-850903

Wer sich lieber die Tage versüßt, hat sicherlich schon davon geträumt: einmal im „Königreich der Schokolade" verwöhnt zu werden und zu essen, bis der Bauch schmerzt. Im Schokoladenmuseum der Chocolaterie Jacques ist das möglich: Der Weg führt über einen Steg in die Produktionshalle, wo Tafeln und Riegelchen, Weihnachtsmänner, Ostereier und Hasen vom Band rollen.

Wer noch mehr wissen möchte, kann im Museum den Ursprung der Schokolade,

VORHERIGE SEITE LINKS:
Zeugnis für die Kraft und Respektlosigkeit der Raerener Töpfer: Krug im Töpfereimuseum

VORHERIGE SEITE RECHTS:
Imposantes Ambiente: Das Töpfereimuseum in Raeren

OBEN:
Treffpunkt für Kauflustige aus nah und fern: Der Töpfermarkt in der Burg Raeren

RECHTE SEITE:
Eine vornehme Bleibe: Das Stadtmuseum in der Gospertstraße in Eupen

ihre Geschichte und ihre Herstellungsmethoden begutachten. Die in Eupen niedergelassene „Chocolaterie Jacques" lüftet dieses Geheimnis.

Dokumentationen und Videovorführungen erläutern den Kakaoanbau. Historische Formen, Verpackungen und Maschinen erzählen über die Geschichte der Schokoladeherstellung.

Im ersten Stock stellt eine Mitarbeiterin in schöner Handwerkskunst Figuren aus hohler Schokolade her und lädt auch gern zum Naschen ein.

i Jacques-Schokoladenmuseum
Industriestraße 16
4700 Eupen
Telefon: 0032(0)87-592967

Schon von außen ein Genuss ist das Eupener Stadtmuseum. Das Haus am Gospert 52 ist von Kaufmann Nicolas Pelzer ausgestattet worden; mit seiner harmonisch gegliederten Fassade erzählt es vom Glanz der Tuchmanufakturen im 17. und 18. Jahrhundert. Die Ausstellung erinnert an die Tuchfabrikanten und erläutert den Werdegang des Tuches von der Schafswolle bis zum feinen Stoff. Herzstück ist ein 200 Jahre alter Handwebstuhl, ein so genannter „de Kattô".

Auch der Wohnkultur des 18. und 19. Jahrhunderts ist breiter Raum gewidmet: Delfter Kacheln wollen ebenso bewundert sein wie Möbel aus Eupener Werkstätten und Steinzeug aus Raeren. Modefreunde werden sich an Trachten und Kleidern erfreuen, mit denen die Eupener Damen einst glänzten.

Sehenswert ist nicht zuletzt eine Goldschmiedewerkstatt, in der drei Generationen herrliche Sakralgeräte geschaffen haben.

i Eupener Stadtmuseum
Gospert 52
4700 Eupen
Telefon/Fax: 0032(0)87-740005

Auch das Göhltalmuseum in Kelmis hat in der Villa eines ehemaligen Fabrikanten eine vornehme Bleibe gefunden. Erinnert wird hier an die merkwürdige Zeit zwischen 1815 und 1919, als Neutral-Moresnet unter der gemeinsamen Verwaltung von Preußen und den Niederlanden (ab 1830 durch Belgien abgelöst) stand und entmilitarisiert wurde.

Briefmarken und Münzen aus dieser Zeit gelten heute als kostbare Raritäten, die im Göhltalmuseum bestaunt werden können. Darunter eine Münze mit Januskopf des belgischen und des preußischen Königs, die die Kuriosität der Situation unterstreicht.

So weit ging die wirtschaftliche Kraft des kleinen Gebiets, dass Unabhängigkeitsbestrebungen Neutral-Moresnet in einen Esperantostaat verwandeln wollten, wo die Weltsprache zur Blüte kommen sollte.

Grund für den ungewöhnlichen Reichtum des 344 Hektar großen Gebietes waren die Bodenschätze von Neutral-Moresnet. Die bedeutendste Zinkgrube Europas war hier angesiedelt, und aus Zink und Kupfer lässt sich bekanntlich Messing herstellen, das bestes Material für Kanonenkugeln ist...

ℹ Göhltalmuseum
Maxstraße 9–11
Neu Moresnet
4721 Kelmis
Telefon: 0032(0)87-657504

An Heimatmuseen mangelt es wahrlich nicht in Ostbelgien. Deshalb gibt auch St. Vith seinen Teil dazu: Schon das Gebäude hat „Pfiff". – Ja, so sehen hierzulande Bahnhofshäuschen aus! Kein Wunder, dass in der Dauerausstellung „Der Zug kommt" alles an die Eisenbahn erinnert.

Gut gelebt hat St. Vith mit seinem Bahnhof in den glorreichen Zeiten des 19. Jahrhunderts. Wohlstand und Beschäftigung brachten die Züge in die kleine Stadt am Büchel, und selbst die Dörfer ringsum profitierten zu preußischen Zeiten unter Reichskanzler Otto von Bismarck von dem emsigen Schnaufen der Loks. Die Ausstellung dokumentiert die Geschichte der Bahn bis zu ihrem Niedergang in der zweiten Hälfte des 20. Jahrhunderts. Zu sehen sind außerdem Möbel, Werkzeug und Kleidung aus der Eifel des 19. Jahrhunderts.

OBEN:
Vision vom Esperanto-Staat: Häuser an der Straße nach Hergenrath in Kelmis

Heimatmuseum „Zwischen Venn und Schneifel"
Schwarzer Weg 6
4780 St. Vith
Telefon: 0032(0)80-229209

Nicht minder stolz sind die Malmedyer auf ihr Papiermuseum, das die Geschichte der Papierherstellung nachzeichnet und eine Papiermühle aus dem 18. Jahrhundert zeigt. Im selben Haus wird die 500-jährige Tradition des wallonischen Karnevals „Cwarmê" lebendig. Die Kostüme der traditionellen Figuren werden gezeigt, Wagenmodelle und Fotos veranschaulichen den Wandel der Zeit.

Nationales Papiermuseum und Karnevalsmuseum
Maison Cavens
Place de Rome 11
4960 Malmedy
Telefon: 0032(0)80-337058

Unter Einbeziehung der Überreste der alten Abteikirche von Stavelot ist in den Jahren 1999 bis 2002 in Stavelot ein ehr-

OBEN:
Hüter der Tradition: Das Cavens-Haus am Place de Rome in Malmedy, Sitz des Papier- und Karnevalsmuseums

OBEN:
Figuren mit Witz: Im Karnevalsmuseum

geiziges Projekt entstanden. Durch den Bau eines neuen Flügels aus Glas und Inox auf den Fundamenten haben die Architekten den Gebäuden das Kloster zurückgegeben. Dabei waren die Proportionen des vierten Flügels maßgebend, der nach der Französischen Revolution zerstört worden ist.

Die Buchstaben ETC stehen für „Espaces Tourisme & Culture", womit an historischer Stelle eine Brücke zwischen Vergangenheit und Zukunft geschlagen werden soll. Gleich drei Museen bilden das Kernstück: Ein Rennstreckenmuseum, das die Formel-1-Piste Spa-Francorchamps – nur einen Katzensprung entfernt – in den Mittelpunkt stellt, das Museum des früheren Fürstentums Stablo-Malmedy und ein Museum über Leben und Wirken des Schriftstellers Guillaume Apollinaire.

i Abbaye de Stavelot
Place Saint Remacle 32
4970 Stavelot
Telefon: 0032(0)80862706

Das Ameler Heimatmuseum zeigt Fotos und Erinnerungen über den Ort. Zu sehen sind außerdem Pflanzenwurzeln der Gegend und liebenswerte Dinge aus der Vergangenheit.

i Heimat- und Wurzelmuseum
Kirchweg 169
4770 Amel
Telefon/Fax: 0032(0)80-340638

Wer sich für die Geheimnisse von Burg Reuland interessiert, kann sich im Burgpavillon vieles anschauen, was die Archäologen rund um das alte Gemäuer gefunden haben.

i Burg Reuland
Burgpavillon
4790 Burg Reuland
Telefon: 0032(0)80-420046

Auch seinem Dichter hat Burg Reuland ein Museum gewidmet. Es zeigt Bücher, Fotos und Presseberichte.

i Paul-Gerhardy-Museum
Kulturhaus 135
4790 Burg Reuland
Telefon: 0032(0)80-329712

Zwei Museen erinnern an die militärische Geschichte der Region. Den Werdegang des Militärlagers Elsenborn von 1895 bis zur Gegenwart dokumentiert das Truschbaummuseum. Im Jahre 2002 ist das Museum noch einmal merklich erweitert worden.

Truschbaummuseum
Militärlager
4750 Elsenborn
Telefon: 0032(0)80-442105

Der Ardennenschlacht im Zweiten Weltkrieg gedenkt das Ardennen Poteau '44-Museum – mit lebensgroßen Dioramen und authentischen Fotos auf dem historischen Gelände. Angeboten werden Touren durch das damalige Schlachtfeld mit zwei originalen Halbkettenfahrzeugen.

Ardennen Poteau '44-Museum
Poteauerstr. 22
4780 Poteau/St. Vith
Telefon: 0032(0)80-217425

Im Mai 2000 wurde die Gedenkstätte Hasselpath im Wald bei Rocherath an der Straße nach Wahlerscheid eingeweiht. Auch sie erinnert an die Ardennenoffensive, bei der in Rocherath und Krinkelt rund 90 Prozent der Häuser zerstört wurden. Durch das sechs Hektar große Waldstück leiten Hinweistafeln in vier Sprachen. Auch Reste eines Feldlazaretts sind zu sehen.

Auch kuriose Museen haben in Ostbelgien eine Bleibe gefunden, zum Beispiel das Möhrenmuseum in Raeren-Berlotte (Berlotter Kirchweg, Freddy Doum, Telefon: 0032(0)87-853431), das in einem ehemaligen Elektrohäuschen untergebracht ist, und – wie der Name schon sagt – die Welt der Möhre ins Blickfeld rückt.

Lauschig im Grünen liegt das *Biermuseum* in der Skihütte in Rodt. Gezeigt werden 4000 Flaschen verschiedener Biersorten mit den dazu passenden Gläsern und Antiquitäten zum Thema. Nicht nur belgische Spezialitäten sind zu sehen, sondern Flaschen aus 62 Ländern und fünf Kontinenten. Überflüssig zu sagen: Es darf auch Bier getrunken werden, beispielsweise das Spezialbier des Hauses „Biermuseum", das als helles oder dunkles Bier bereit steht.

Biermuseum
Skihütte Rodt-Tomberg
4784 Rodt
Telefon: 0032(0)80-229734

Ein Anziehungspunkt für Grenzgänger ist auch das Ardenner Center direkt auf der Grenze zwischen Belgien und Deutschland. Es bietet mit der *Krippana* eine ganzjährige Krippenausstellung.

Die *Euro Tecnica* in einem alten Zollamt beherbergt eine 200 Quadratmeter große digitalgesteuerte Modelleisenbahnanlage mit mehr als 100 Zügen auf 2000 Metern Gleise.

Die *Puppentraumwelt* ist eine Ausstellung antiker Puppen aus Porzellan, Wachs, Papiermaché, Holz und Zelluloid. Auch ein Kolonialwarenladen und die gute alte Wohnstube einer reichen Familie aus der Kaiserzeit wollen bewundert werden.

Ardenner Center
Hergersberg 4
4760 Büllingen

Internationale Krippenausstellung
Hergersberg 4/Prümer Straße 55
4760 Büllingen
Telefon: 0032(0)80-548729

OBEN:
Junges Gemüse im Blickfeld: In Raeren hat selbst die Möhre ein Museum

Brücke zwischen Vergangenheit und Zukunft: Die Remaklus-abtei in Stavelot

Essen und Trinken

Von Fritten und anderen Kunstwerken

Die späten Strahlen der Sonne tunken den Raum in Goldtöne. Besteck klappert, ein älteres Ehepaar nippt schweigsam am Bordeaux, zwei ordentlich ondulierte Damen schielen zum Kellner, der in verhaltener Eile lauwarmen Hummersalat serviert. Der Duft frischen Spinats mischt sich mit dem Aroma von Kaffee und Cognac. Die Küche serviert eine Überraschung: Hummergazpacho mit Kokosschaum in zierlichen Espressotassen.

Eine grauhaarige Eleganz führt seine in weiße Seide gehüllte Madame vorsichtig in den Wintergarten. Der Herr rückt ihr den Stuhl zurecht, murmelt ein freundliches „Bonsoir" für die Nachbarn, bestellt zwei Campari-Orange und nimmt Platz zum Studium der Gangfolge: Wildkräutersalat mit gegrilltem Schafskäse, Seezungenfilet auf Champagner-Sabayon, Taubenbrust aus Anjou im Pistazienkleid? Leise berät er sich mit seiner Dame über die Verzückungen des Tages.

Das Restaurant mit dem soliden Namen „Zur Post" reiht sich unaufgeregt an St. Viths Hauptstraße. Leicht zu übersehen für den eiligen Passanten, aber geadelt von den Gourmets des Guide Michelin. Einen Stern darf sich Eric Pankert an die weiße Kochjacke stecken – und das mit 36 Jahren. Eine Auszeichnung, die selbst im restaurantverliebten Belgien erwähnenswert ist. Sein Haus ist weit über das Städtchen hinaus bekannt und steht für das, was Belgiens Küche so berühmt macht: Eine wunderbare Freundschaft zwischen Bodenständigkeit und französischer Eleganz. Das Meer ist nah und garantiert frischen Fisch und Meeresfrüchte. Gemüse liefern die Höfe der bäuerlichen Umgebung, und die Ardennen sind der beste Hort für schmackhaftes Wild.

Mit diesen Zutaten lässt sich gut kochen. Auch im „La Table de Vincent", Hütte 64, in Eupens Unterstadt. Der Gault Millau hat Chefkoch Vincent Cools in die Liste ihrer Lieblingsrestaurants aufgenommen. Das liegt vor allem an seinem hervorragenden Umgang mit Hummern und Flusskrebsen, Jakobsmuscheln und Gänseleber. Erwähnenswert ist aber auch das Ambiente seines Restaurants in einer alten Fabrikhalle, in der noch vor wenigen Jahren Maschinen ratterten. Vincent Cools liegt mit der jüngsten Auszeichnung auf einer Linie mit dem „Cyrano" in Weismes, dem „Hotel du Moulin" in Ligneuville und dem „Albert Ier" in Malmedy.

Auch das Restaurant „Au Vieux Sultan" in Faymonville ist längst kein Geheimtipp mehr. Klassiker der französischen Küche werden hier serviert. Die Jahreszeiten bestimmen den Speiseplan und der Gast sollte Zeit mitbringen, denn in Belgien wird lang und mit zahlreichen Gängen getafelt. Eine Tugend, die der deutsche Besucher gern unterschätzt und die ihn nicht selten überfordert.

Auch jenseits der Spitzengastronomie kann sich Ostbelgien glücklich schätzen über seine Küche, die eine Schwäche hat für Eintöpfe mit deftigem Speck oder Wurststücken – und natürlich Fritten. In den preiswerteren Lokalen ist eine Schüssel frischer Kartoffelstangen beinahe selbstverständlich – aber frisch zubereitet müssen sie sein! Keine Kleinstadt, kaum ein Ort, an dem keine „Friture" oder „Friterie" zur Rast einlädt. So beliebt sind die Knabberstangen, dass sie Eric Legrain und Marc Beauvent in der „Wartehalle" in Welchenhausen gar zum Kunstobjekt erhoben haben.

Fein zelebriert wird die Beilage mit allerlei anderen Köstlichkeiten, beispielsweise in der „Auberge zur Geul" in Hauset, wo Ansgar Fintz, der frühere Chefkoch des Aachener „La Bécasse", in sein schönes bruchsteinbewehrtes Restaurant bittet.

Ein beliebtes Ausflugsziel – vor allem im Sommer – hat das „Waldrestaurant Schönefeld" in Eupen zu bieten. Die preiswerten Gerichte bei guter Qualität kommen vor allem bei Familien bestens an.

In Amel lassen sich gleich zwei Spezialitäten miteinander verbinden. Die „Brasserie Terminus" bietet nicht nur feinste Wildspezialitäten, sondern auch

den „Montenauer Schinken", der direkt im Ort geräuchert wird. Wer ihn beim Erzeuger kaufen will, muss nur der Nase folgen. Schon auf der Straße wabert der Duft von Geräuchertem durch die Luft, das hier nach traditionellen Methoden hergestellt wird.

Wer über Land fährt, findet in Ostbelgien so manche Delikatesse, die er sofort kaufen kann. In Büllingen etwa wird im Kies 1 noch original Ardenner Fassbutter hergestellt: eine europäische Rarität, die probiert werden will. Ganz auf die Ziege setzen dagegen Gemmy und Leo Freichels in Burg Reuland-Grüfflingen. In ihrer Käserei bieten sie ein breites Angebot an Kuh- und Ziegenkäse mit einem klaren Anspruch: gleich bleibende Qualität. Nennenswert auch die „Fromagerie Le Fagnard" in Weismes-Ovifat an der Rue des Charmilles 66, wo Käse aus dem Hohen Venn produziert wird.

VORHERIGE SEITE:
Sinn für die guten Dinge des Lebens: Schinkenräucherei in Amel-Montenau

LINKE SEITE:
In der „Hauptstadt der Forelle": Das „Hotel du Moulin" in Ligneuville

OBEN:
Lecker, vom Zuckerbäcker: Auslage in einer Bäckerei in Malmedy

OBEN:
Wenn Köche Feste feiern: Zu Maria-Himmelfahrt werden in Malmedy aus 10.000 Eiern Riesenomeletts gebacken.

Wer das Schlemmen in den Mittelpunkt stellt, sollte auf die Jahreszeiten achten: Im Frühjahr sind Forellen aus dem klaren Wasser der Eifel ein Thema. Berühmtheit haben sie im Ameltal und in Ligneuville bei Malmedy erlangt. Was Hermann und Hubert Gabriel dort 1930 begannen, waren die Anfänge einer großen Idee: Sie legten Fischteiche an, die heute zum Besuchermagnet geworden sind. So schmackhaft sind die Fische, dass die 1185 gegründete „Bruderschaft der Forellenritter" den Ort zur „Hauptstadt der Forelle" ernannt hat.

Wer lieber im Herbst nach Ostbelgien kommt, hat mindestens ebenso Gutes zu erwarten: Am 15. September beginnt die Wildsaison. „La Fagnarde" an der Rue du Lac in Weismes-Robertville und der „Birkenhof" am Marktplatz in Bütgenbach bieten Fleisch aus Eupener und Eifeler Wäldern auch zum Verkauf an.

Doch was wäre Ostbelgien ohne Süßigkeiten? Die berühmten belgischen Pralinen zum Beispiel – frisch aus der Confiserie Hanf an der Karl-Friedrich-Schinkel-Straße in St. Vith-Schönberg, wo Axel Hanf seit 1997 mit Butter, Sahne, Marzipan, Früchten und Likören zaubert.

Wer nach so viel Leckereien einen Schnaps benötigt, wird auch fündig: In Ostbelgien wird gern ein kräftiger Likör angesetzt, zum Beispiel bei Maraite Marc in Malmedy-Ligneuville am Chemin des Potiers. Er führt die Brennerei weiter, die schon sein Urgroßvater 1906 gegründet hat. Sein Vater war der erste Produzent von Ratafia in Belgien. Ratafia stammt vom lateinischen „rata fia" ab und bedeutet so viel wie „Der Handel ist besiegelt". Wir ahnen es schon: Früher wurde das Getränk aus Alkohol und leckeren Früchtchen gern bei Vertragsabschlüssen serviert.

Auf süße Früchtchen setzt dagegen die Framboiserie de Malmedy im kleinen Weiler Meiz, wo Yves Detender seit sieben Jahren vollreife Früchte erntet, die zu Marmelade, Sirup oder Likör verarbeitet werden. Eine einfache, aber sehr natürliche Art der Verarbeitung, ohne jeden Zusatz von Farb- oder Konservierungsstoffen. Berühmt seit 1836 ist auch die Brennerei-Distillerie Radermacher in Raeren. Als eine der ältesten Brennereien Belgiens erzeugt sie heute in 5. Generation Schnäpse, Brände und Liköre.

Bliebe noch das Bier zu erwähnen, das in Belgien eine ganz besondere Rolle spielt: Im Pro-Kopf-Verbrauch liegt der Konsum in der europäischen Statistik ganz oben. 115 Brauereien stellen mehr als 400 Biersorten her. Und das hat einen Grund: Es gibt kein anderes Land, das so viele und so gänzlich unterschiedliche Biere von höchst verschiedener Farbgestaltung braut. Allerdings – und das ist für deutsche Bierkenner ungewöhnlich: Nicht jedes Bier mundet frisch gezapft am besten, viele werden wie ein guter Wein in der Flasche kredenzt, die dann ein kleines Depot Bierhefe zurückbehält. Beliebt an heißen Tagen ist das „Bière blanche", das „Leffe", blond oder bruin, und das säuerlich anmutende „Gueuze". Nach einem schweren, malzigen „Tripel" können sich manche nur noch am Bett erfreuen. Besonders beliebt sind auch Trappisten- und Abtei-Biere, die übrigens nicht immer aus Klosterbraueren stammen.

Auch Ostbelgiens Brennerei-Distillerie Radermacher steuert ein Bier bei: Die Rader-Biere sind eine subtile Mischung aus Bier und Schnaps und zählen zur jüngsten Produktidee der uralten Brennerei. Na dann: Prost!

TIPP! Ein Reiseführer führt spannend und informativ durch das Bierparadies Belgien: „Unterwegs auf den Spuren des belgischen Bieres" (GEV, ISBN 90-5433-201-8).

Der im Buchhandel erhältliche „Gastroguide Euregio" informiert alljährlich über die besten Restaurants der Region, und die Internetseite der Ostkantone (www.eastbelgium.com) veröffentlicht eine Liste aller Restaurants Ostbelgiens, die in Gastronomieführern erwähnt werden. Wer Ardenner Schinken und Eifeler Schinken auf einmal kennen lernen möchte, kann ihre Geheimnisse wandernd erkunden: Die „Eifel-Ardennen-Schinkentour" führt in sechs Wanderstunden quer durch das Venn von Monschau nach Eupen – Schinkenprobieren inbegriffen.

ℹ www.eifel-ardennen-wandern.com

LINKE SEITE:
Geadelt von Gourmets: Das „Hotel zur Post" in St. Vith

Die Euregio Maas-Rhein und die „Big 5"

Süße Früchte in Nachbars Garten

An der Tankstelle in Vaals stauen sich Autos und ihre nervösen Fahrer. Deutsche Nummernschilder allerorten. Warten in Feierabendeile. Dann endlich: Die Super-Tanksäule wird frei. Ich spurte los und werde gebremst: „Diesel ist da hinten", schreit ein Fahrer aus Deutschland, das Haar so blond wie sein Mercedes grau. „Ich brauch' keinen Diesel", kontere ich. – „Und dann kommen Sie nach Vaals? Super ist hier sechs Cent teurer als in Deutschland. Hier tankt man Diesel!" Betreten lese ich die Preisschilder. Der Mann hat Recht. Ich sollte 500 Meter weiter über die Aachener Grenze hoppen. Wie unzählige andere, Tag für Tag. Die einen nach hüben, die anderen nach drüben: Die Euregio Maas-Rhein tickt im Takt der Wirtschaft. Böse Zungen unken, ausschließlich da.

Wer hart an der Grenze wohnt, weiß genau, wo Zigaretten, Alkohol und eben Diesel billiger sind; wer über Büllingen nach St. Vith zieht,

findet fast ebenso viel Möbelwerbung wie Heiligenhäuschen. Das Dreiländereck der Niederlande, Belgiens und Deutschlands träumt einen europäischen Traum, der ganz handfeste wirtschaftliche Interessen hat.

Auf 10.745 Quadratkilometern leben fast 3,7 Millionen Belgier, Niederländer und Deutsche in fünf Partnerregionen der Euregio Maas-Rhein. Sie sprechen Deutsch, Französisch und Niederländisch, sie ärgern sich über Nickeligkeiten, die immer dann hitzig diskutiert werden, wenn die Liebe zur Heimat egoistische Blüten treibt, aber sie sehen auch die Trümpfe, die diese Region hat: Paris, Luxemburg, Brüssel, das deutsche Ruhrgebiet und das holländische Randstadt (das Gebiet zwischen den vier Städten Amsterdam, Rotterdam, Den Haag und Utrecht) sind im Stundentakt erreichbar.

VORHERIGE SEITE:
Die Euregio tickt im Takt der Wirtschaft: Die hell beleuchtete Autobahn zwischen Aachen und Lüttich

OBEN:
Schnell über die Grenze: Bei Aachen

RECHTE SEITE:
Ein stählerner Lindwurm frisst sich durchs Land: Die Hammerbrücke über das Göhltal bei Moresnet

IN DEN OUDEN
IN DEN VOGEL STRUYS
Bavaria

Die Gemütlichkeit hat Tradition: Café am Vrijthof

OBEN:
Wasserstraße für den Güterverkehr: Blick auf die Innenstadt von Lüttich und die Maas

Die wichtigen Flughäfen Lüttich und Maastricht-Aachen, aber auch Düsseldorf, Köln, Amsterdam und Brüssel sind ebenso in greifbarer Nähe wie die Seehäfen Antwerpen und Rotterdam. Obendrein steuert Lüttich den zweitgrößten Hafen für die Binnenschifffahrt Europas bei, und dank des Albert-Kanals und des Kanals Juliana-Maas ist die Region bestens an das europäische Gütertransportnetz der Binnenschifffahrt angeschlossen.

Allerdings: Derlei Vorteile sind bisher vor allem von Handel und Wirtschaft erkannt worden. In den Köpfen und Herzen der Menschen dauert die Annäherung länger – vor allem in den ländlichen Gebieten. Zwar wurde schon 1976 auf Anregung der holländischen Königin Beatrix die Euregio Maas-Rhein gegründet, 1991 zu einer Rechtsform nach dem Vorbild der niederländischen „Stichting" ausgebaut und 1995 mit dem 118-köpfigen Euregio-Rat gekrönt, doch

ganz nah sind sich die Partner noch immer nicht. Obwohl die Grenzregion eine ähnliche wirtschaftliche Vergangenheit hat. Hier wie dort wird noch immer ein gleichwertiger Ersatz gesucht für den ehemaligen Kohlenbergbau in Südlimburg und im Aachener Revier sowie für die ehemalige Stahlindustrie entlang der Maas im Raum Lüttich.

Eigentlich sollten derlei gemeinsame Probleme Neugier und Interesse am anderen wecken. Doch auch mitten im Herzen Europas ist es schwierig, dem Nachbarn unbefangen zu begegnen. Die Grenzen sind zwar offen, aber noch immer gelten die nationalen Regeln des Versicherungs-, Finanz- und Bildungswesens.

Und auch die menschlichen Begegnungen hinken hinterher: Selten verirrt sich eine deutsche Schulklasse ins Französisch sprechende Malmedy. Deutsche

OBEN:
Verheißungen in Altstadtgassen: Die Wolfsstraat in Maastricht

OBEN:
*Frost zieht übers Land:
An der Dahlemer Binz*

RECHTE SEITE:
*Geheimnis im Halbdunkel:
Der Königsstuhl Karls
des Großen im
Dom zu Aachen*

Gäste bei Veranstaltungen in der belgischen Eifel oder Belgier bei deutschen Veranstaltungen sind eine Ausnahme und nicht die Regel. Resignierend schreibt die „Aachener Zeitung": „Gemeinsame Entwicklungsziele, Perspektiven und Zielkorridore sind auch nach weit mehr als 20 Jahren euregionaler Kooperation in der Euregio Maas-Rhein heute unklarer als in den 80er-Jahren."

Im Klartext: Das Vermarkten des eigenen Kirchturms ist noch immer allemal leichter, als sich mit dem Nachbarn an einen Tisch zu setzen und eine grenzüberschreitende Identität zu schaffen.

Wer zum Nachbarn zieht, lässt den Geldbeutel regieren: Deutsche treffen sich in Belgien zum Häuslebau. Belgier suchen sich in Aachen einen Arbeitgeber.

Wo Kaiser Karl
Europa erträumte:
Der Dom zu Aachen

Abweichende Ladenöffnungszeiten und Werbung für den „Erlebniseinkauf" beleben den Handel. Und auch der Fremdenverkehr denkt sich neue Konzepte aus, die mehr Menschen in die Region locken könnte. Dass dies nicht mehr mit einem einsamen Kirchlein im grünen Tal erreicht werden kann, hat sich längst herumgesprochen. Vor allem unter Marketingstrategen. Sie wissen, dass der Tourist von heute Attraktionen wünscht, die möglichst großflächig angeboten werden und Vielfalt versprechen.

So strotzen die neuen Eifel-Ardennen-Prospekte vor mehr oder weniger sinnvollen Ideen. Im „CULTour Journal Euregio – Das grenzüberschreitende Magazin für Kultur und Freizeit" trifft sich die bunte Vielfalt der Region in kleinen Artikeln und bunten Meldungen: vom „Schlössermonat im Haspengau" über „Natur erleben in Nettersheim" bis hin zum „Rittertreffen in Hoensbroek", das „Wasserparadies Euregio" und „Musik, Märkte, Festivals" reicht die Palette, und mancher weiß bei all den Angeboten schon gar nicht mehr, wo er anfangen soll.

Vor allem das Wasserland ist ein Raum ohne Grenzen. Bunte Prospekte preisen die Eifel-Ardennen-Region zum „aktiven genießen" an. Gleich 35 Seen und Maare werden aufgelistet. Da steht der Rursee auf deutscher Seite gleichberechtigt neben dem Bütgenbacher See, und beide überbieten sich mit Attraktionen: Da preist die belgische Seite „Gourmetwandern" und im Winter ein Loipennetz rund um den See als Besonderheit; da lockt der Rursee mit „Bibertouren", dem „Wasser-Info-Zen-

RECHTE SEITE:
Attraktion der „Big 5":
Die St.-Servatius-Basilika
am Vrijthof in Maastricht

trum" in Heimbach, einem „Nordic-walking-Park" in Einruhr und dem neuen „RurseeFlyPark", der Paraglidern den Blick aufs Wasser aus der Himmelsperspektive schenkt.

Die Städte wollen da nicht nachstehen und haben sich zu den „Big 5" zusammengeschlossen. Lüttich, Aachen, Maastricht, Heerlen und Hasselt bilden ein fünfblättriges Kleeblatt, das der Region Touristenglück bescheren soll. Aber hinter vorgehaltener Hand raunen selbst Tourismusexperten, dass es ein wenig hapert mit der Zusammenarbeit. Und die Dame in der Aachener Touristeninformation am Elisenbrunnen, gefragt nach Prospekten über die „Big 5", muss unter der Theke lange kramen, bis sie zu jeder Stadt etwas Passendes findet. Bei Heerlen muss sie passen; es ist „leider gerade vergriffen".

Dabei ist es eigentlich schade, dass die gemeinsame Reise zu den fünf Städten nicht ernsthafter betrieben wird; denn allesamt sind sie einzigartig und haben unverwechselbare Züge, die besichtigt werden wollen:

Da ist Aachen, die alte Kaiserstadt Karls des Großen, in der die Idee des vereinten Europas geboren wurde. Der Dom dominiert mächtig die Innenstadt, das Rathaus schrieb Geschichte. Die romantische Altstadt lädt zum Bummeln ein, und der Elisenbrunnen erinnert an das Flair vornehmer Badekultur. Das *Ludwig Forum für Internationale Kunst* bringt die moderne Kunst auf den Punkt, und mit den Weltereignissen Karlspreisverleihung und Reiterfest CHIO macht Aachen alle Jahre wieder von sich reden.

Da ist das holländische Maastricht mit seiner Grote Straat, wo sich Patisserien und Käseläden mit dem Vlaai treffen, dem Fladen, den es ähnlich köstlich auch in Aachen und Ostbelgien gibt. Der Vrijthof wird an warmen Sonnentagen zum Mittelpunkt des Dreiländerecks, die Maas zieht breit und behäbig mitten durch die Stadt. Gassen und Plätze laden zum Verweilen ein. Das Bonnefantenmuseum bietet spektakuläre Architektur, und in den Grotten wandeln Jahr für Jahr sage und schreibe 120.000 Touristen durch einen Teil der 22.000 unterirdischen Gänge von 240 Kilometern Länge.

Da ist Lüttich, die 1000-jährige Industriemetropole, die sich nicht schnell dem Fremden offenbart; die erobert werden will mit ihrem lebenslustigen Sonntagsmarkt an der Maas, mit ihrem kunstvollen Taufbecken des Renier de Huy, mit dem prächtigen fürstbischöflichen Palast, mit „Outremeuse", wo das berühmte Marionettentheater „Tchantchès" zu Hause ist und mit dem Viertel um die Kathedrale St. Paul, in dem der Geist Georges Simenons noch spürbar ist, der mit seinem „Kommissar Maigret" unsterblich wurde.

Da ist Hasselt, die Hauptstadt der belgischen Provinz Limburg, mit der gemütlichen Altstadt und einem ansprechenden Modemuseum. Im Nationalen Genevermuseum kann jedermann die Nase tief ins Glas stecken, um den Geheimnissen des köstlichen Schnäpschens ein Stück näher zu kommen.

Und da ist Heerlen, eine 2000 Jahre alte Stadt, die sehr modern, ja nüchtern daherkommt. Nur im Thermenmuseum

RECHTE SEITE:
Umweht vom Geist Georges Simenons: Blick über die Maas zum Zentrum von Lüttich

und in Schloss Hoensbroek wird die Vergangenheit groß geschrieben. Die Sternwarte Schrieversheide lädt ein zum Blick ins weite All. Und Grenzgänger schätzen die Stadt wegen ihrer Einkaufspaläste in der Innenstadt und in den Randgebieten.

Damit noch mehr Kunden angelockt werden, haben sich Aachen und Heerlen mit dem grenzüberschreitenden Gewerbegebiet Avantis verbündet. Wer hier eine Firma hat, hat auch einen binationalen Telefonanschluss und kann innerhalb Deutschlands und Hollands zum Inlandtarif telefonieren.

Und noch eine Zusammenarbeit ist erwähnenswert: Seit Beginn der 90er-Jahre kooperieren die Universitätskliniken Aachen und Maastricht. Gerade in Zeiten knapp werdender Krankenkassenmittel erhoffen sich beide Seiten Einsparungen, zum Beispiel im „Gerätepark“. Teuere diagnostische Apparate – so gilt der Pakt – sollen nur einmal angeschafft werden. Und auch die Spezialisten der Kliniken unterstützen sich gegenseitig: europäische Visionen auf dem Operationstisch.

Die Ostkantone im Zeitraffer

Starke Plätze zwischen Kelmis und Ouren

Älteste Spuren: Das Gebiet der heutigen Ostkantone wurde offensichtlich schon sehr früh besiedelt: Im hügeligen Land von Hergenrath nahe Kelmis sind Feuerstein-Artefakte aus dem Mesolithikum, der Mittelsteinzeit zwischen 8000 und 5000 v. Chr., gefunden worden.
Beim Igelmonderhof in Manderfeld bei Büllingen entdeckten Archäologen Axt- und Speerbeile aus der Jungsteinzeit zwischen 4000 und 1800 v. Chr.
Bei Born in der Nähe von Amel wurde ein Axtbeil aus der mittleren Bronzezeit, zwischen 1500 und 1000 v. Chr., geborgen.

Keltische Spuren: Orts- und Flussnamen wie Amel, Braunlauf, Warche, Our oder Roer erinnern an die Kelten.

Die Römer: Wer römische Funde sucht, wird in den Museen von Kelmis, Raeren und St. Vith fündig.
Hügelgräber sind im Süden von St. Vith zu sehen, ein Römerwall bei Holzheim.
Die Heeresstraße Köln–Reims verläuft durch den Kanton St. Vith. Zwar streiten sich die Experten über ihren Verlauf, aber vermutlich ging sie über Rocherath, Büllingen, Amel, St. Vith, Thommen und Espeler. Römische Siedlungsreste sind vor allem um Amel, Neidingen-Breitfeld und Thommen gefunden worden.

Die Franken: Erstmals siedelten die Franken um 450 bis 600 v. Chr. im Gebiet der heutigen Ostkantone. Ortsnamen, die auf -ler, -heim und -ingen enden, deuten darauf hin. Größere Rodungen wurden um 600 bis 800 n. Chr. vorgenommen. Orte, deren Namen mit -weiler, -hausen, -dorf, -bach, -berg oder -born enden, verraten diesen Ursprung.

648 n. Chr.: Remaclus wird zum ersten Mal erwähnt. Der fränkische König Siegbert III. schenkt dem aus Aquitanien stammenden Mönch einen Wald in den Ardennen und macht es möglich, dass die Doppelabtei Stavelot-Malmedy gegründet werden konnte. Stavelot hatte die Vorherrschaft.

Ab dem 8. Jahrhundert: Neu gegründete Siedlungen um die fränkischen Königshöfe Amel, Büllingen, Manderfeld, Neundorf, Thommen und Walhorn entwickeln sich zu wirtschaftlichen und kulturellen Zentren mit engen Kontakten zur Karolingerhauptstadt Aachen.

Ende des 9. Jahrhundert: Das Ende des Karolingerreichs beginnt. Einfälle der Normannen und Ungarn beschleunigen die Entwicklung. 881, 887 und 891 werden die Abteien Malmedy und Stavelot geplündert.

Ab dem 11. Jahrhundert: Neue politische Einheiten entstehen: Grafschaft, später Herzogtum Limburg mit dem Eupener Land; Grafschaft, später Herzogtum Luxemburg mit dem Eifelraum und das Erzstift Trier. Die Bevölkerung wächst. Neue Ortschaften werden gebaut.

11. – 16. Jahrhundert: Zahlreiche Kirchen und Kapellen werden gebaut. Sehenswert ist die Bartholomäus-Kapelle in Wiesenbach, südöstlich von St. Vith, die als

eine der ältesten christlichen Kultstätte der Eifel gilt. Im Chor sind einzigartige Fresken zu sehen, die zwischen 1450 und 1480 datiert sind.
Auch die spätgotische Kapelle von Krewinkel bei Büllingen ist sehenswert. Sie wurde im 15. Jahrhundert auf einem heidnischen Kultplatz errichtet und ist mit Malereien verziert.
Die spätgotische Pfarrkirche von Neundorf, der Mutter Gottes geweiht, ist zu Maria Himmelfahrt Ziel vieler Pilger.
Sehenswert ist auch die St.-Hubertus-Kirche in Weweler aus dem 12. Jahrhundert, die beschaulich auf einem Hügel liegt.
Auch die Pfarrkirchen von Mackenbach und Ouren sind in diesem Zusammenhang zu nennen.

1130–1131: St. Vith wird erstmals als Ortschaft erwähnt.

1137: Die Zugehörigkeit des Abteibezirks Stavelot-Malmedy zum Deutschen Reich wird bekräftigt und die Entwicklung zum Reichsfürstentum beginnt. Malmedy entwickelt sich zur selbstverwalteten Siedlung.

Ab dem 10. Jahrhundert: Der Bau von Burgen beginnt: Sehenswert ist Burg Reinhardstein im Warchetal, die im 14. Jahrhundert von Reinald von Weismes erbaut wurde und dank des Idealismus von Professor Jean Overloop wiederaufgebaut werden konnte.
Noch viel älter ist die Burgruine von Reuland, die aus dem 10. Jahrhundert stammt und deren Turm sich über den Ort erhebt. Von Burg Bütgenbach aus dem frühen 13. Jahrhundert sind nur noch Ruinenreste nahe der Stadtmauer zu sehen. Die Burg wurde von den Truppen Ludwigs XIV. stark beschädigt und von Napoleons Revolutionstruppen dem Erdboden gleich gemacht. Die Eyneburg, im Volksmund Emmaburg genannt, nahe Hergenrath wird heute vom einem Verein zu neuem Leben erweckt.

1213: Der Ort Eupen wird erstmals erwähnt.

1288: Das Herzogtum Limburg mit dem Eupener Land wird Brabant zugeschlagen, beide Regionen behalten aber ihre Eigenständigkeit.

1344: Der Galmeibergbau um Kelmis geht in die Geschichte ein. Wer sich mit der mühevollen Arbeit der Bergleute vertraut machen möchte, sollte dem Göhltalmuseum in Kelmis/Neu-Moresnet einen Besuch abstatten.

Um 1350: Der „Markt“ St. Vith erhält Stadtrechte und wird mit Mauern geschützt. Ein Relikt aus ältester Zeit ist der Büchelturm von St. Vith, ein Überbleibsel der Stadtbefestigung, die unter Johann von Valkenburg-Montjoie gebaut wurde.

Um 1355: Auch die „Freiheit“ Malmedy darf sich stolz „Stadt“ nennen.

Mitte des 14. Jahrhundert: Die Pest wütet. Tausende Menschen sterben, und etliche Siedlungen verfallen.

Satt, zufrieden und fruchtbar: Kühe auf einer Wiese in Born bei Amel

1430–1441: Der Herzog von Burgund übernimmt die Herzogtümer Limburg und Luxemburg.

15. Jahrhundert: In Eupen und Schönberg werden Erzabbau und -verhüttung zum wichtigen Wirtschaftsfaktor. Erstmals werden auch die Tuchmacher in Malmedy erwähnt.

1461: Die „Kruichenbackern", die Töpfer von Raeren, werden erstmals erwähnt. Wer auf ihren Spuren wandeln will, sollte einen Besuch im Töpfereimuseum von Raeren nicht versäumen. Dort erzählen alte Krüge von Sitten und Gebräuchen früherer Zeiten.

16. Jahrhundert: Die protestantische Reformation setzt sich in Eupen durch. Eine Gemeinde wird gebildet.
In Malmedy wird die erste Gerberei gegründet.

1555: Die Herzogtümer Limburg mit dem Eupener Land und Luxemburg mit der Eifel werden den Spaniern zugeschlagen. Die Religionskriege ziehen übers Land und bringen schreckliche Verwüstungen mit sich.

17. Jahrhundert: In Eupen blüht die Tuchmanufaktur auf. 1674 ist der Ort stolz auf ein eigenes Siegel mit dem Heiligen Lambertus.

1689: Malmedy und St. Vith werden durch französische Truppen fast völlig zerstört und müssen lange auf den Wiederaufbau warten. Das heutige Abteigebäude auf dem Place du Chatelet in Malmedy ist in dieser Zeit, nämlich nach 1708, errichtet worden.

1713: Die österreichischen Habsburger übernehmen die Herzogtümer Limburg und Luxemburg. In dieser ruhigen Periode erlebt die Eupener Tuchmanufaktur ihre Blütezeit. Die Malmedyer Abtei legt den Grundstein für die Papierherstellung, und in St. Vith wird eine Gerberei eröffnet. Aus dieser Zeit sind einige sehenswerte Relikte erhalten, die im Stadtmuseum Eupen besichtigt werden können. Bürgerhäuser in Eupen und Malmedy erzählen vom Reichtum und vom Schönheitssinn der damaligen Industriellen. Die Schlösser Wallerode in St. Vith, ca. 1664 erbaut, und Bracht träumen noch heute von dieser Zeit. Der Dreikantenstein auf Botrange markiert den damaligen Grenzpunkt zwischen Limburg, Luxemburg und Stavelot-Malmedy.

18. Jahrhundert: In diese Zeit fällt die Blüte des Barock und des späteren Rokoko. Juwele dieser Epoche sind die Pfarrkirche St. Nikolaus (1740–1744) in Eupen mit ihrem Hochaltar, die Kapelle in Nispert, die Pfarrkirchen Raeren, Lontzen und Reuland sowie die Kathedrale in Malmedy St. Paul und St. Quirin (1776–1782) sowie die Fußfälle in Manderfeld, auch Siebenschläfer genannt, eine eindrucksvolle Grablegungsgruppe aus dem Jahr 1765.

1794: Französische Truppen besetzen die Herzogtümer Limburg und Luxemburg und die Fürstabtei Stavelot-Malmedy. Die Gebiete werden am 1. Oktober 1795 mit Frankreich vereinigt. Die Kantone Eupen, Malmedy und St. Vith entstehen. Malmedy wird Hauptstadt eines Arrondissements des Ourthe-Departements.
In Elsenborn erinnert ein Denkmal an die im französischen Heer unter Napoleon I. gefallenen Soldaten der Gemeinde Elsenborn noch heute an diese Ereignisse.

1796: Die Abteien und Klöster der Ostkantone (darunter Stavelot-Malmedy) werden aufgelöst, ihre Besitztümer verkauft.

1798: Erfolglos erheben sich Teile der Eifeler Bevölkerung gegen die Franzosen.

1800: Unter Napoleon wird Malmedy Sitz einer Unterpräfektur. Die Feldzüge des Franzosen bescheren der Tuchmanufaktur in Eupen und Malmedy sowie den Gerbereien große Aufträge.

1814–1815: Die Kantone Eupen, Malmedy und St. Vith werden dem Königreich Preußen angegliedert.
Moresnet bekommt einen Sonderstatus: Weil seine Galmeigruben bei Kelmis kostbar sind, wird es 1815 zum neutralen Gebiet erklärt, das von Preußen und den Niederlanden (ab 1831 Belgien) gemeinsam verwaltet wird.
Die Kreise Eupen, Malmedy und St. Vith werden eingerichtet.
Im Göhltalmuseum in Kelmis kann die Geschichte der Galmeigruben nachvollzogen werden.
Zwischen Kelmis und Ouren sind noch immer preußische Grenzsteine zu sehen.

1820–1821: Der Kreis St. Vith wird aufgelöst; die Bürgermeistereien werden Malmedy zugeteilt.
Sehenswert ist das Landratsamt Malmedy, das heute die Finanzverwaltung beherbergt.

19. Jahrhundert: Die Eifel wird aufgeforstet. Überlandstraßen und zahlreiche Eisenbahnlinien entstehen. Die Wirtschaft stabilisiert sich.
Relikte aus dieser Zeit sind der Bahnhof in Raeren und die Freiherr-von-Korff-Bahnbrücke in Born.

1830: Im Hohen Venn erbaut der Lederfabrikant Le Chevalier Henri-Toussaint de Fischbach die Fischbachkapelle an der Baraque Michel. Ihr Türmchen erhält eine Signalglocke und ein Leuchtfeuer. Mehr als 100 Verirrte konnten auf diese Weise aus dem Hohen Venn gerettet werden.

1850: Die Neugotik prägt den Kirchenbau. Ein sehenswertes Beispiel ist die Pfarrkirche St. Joseph (1855–1869) in Eupen.

1861: Am Signal de Botrange an der Kreuzung der Straßen von Eupen-Malmedy und Eupen-Sourbrodt wird die Herberge Mont-Rigi gebaut.

1871: Das Königreich Preußen und damit die Kreise Eupen und Malmedy gehen im Deutschen Reich auf.

1886: Eröffnung eines Schieferstollens in Recht.

Ende des 19. Jahrhundert: Der Wilhelminische Baustil geht in die zivile Architektur ein: Sehenswerte Beispiele sind Bürgerhäuser an der Neustraße in Eupen sowie das Rathaus und Gericht in Malmedy.

1919–1920: Versailler Vertrag: Nach dem Ersten Weltkrieg werden die preußischen Kreise Eupen und Malmedy sowie Neutral-Moresnet dem Königreich Belgien angegliedert.

1920–1925: Übergangsregime des Generals Baltia: Errichtung der Kantone Eupen, Malmedy und St. Vith. 1921 wird ein Bistum Eupen-Malmedy mit Sitz in Malmedy gegründet.
Sehenswertes aus dieser Zeit: „Butte Baltia" auf Botrange, der Bischofsstuhl in der Kathedrale in Malmedy sowie der Amtssitz Baltias in Malmedy, das heutige Bezirkskommissariat.

1925: Die Kantone Eupen, Malmedy und St. Vith werden ins belgische Staatsgefüge einbezogen. Das Bistum Eupen-Malmedy wird aufgehoben. Das Bistum Lüttich übernimmt die Pfarreien.

Aus den Kindertagen der Erde: Zyklopenstein bei Hauset

Ab 1926: Bau von Talsperren in Bütgenbach, Robertville und Eupen, die noch heute den Wasserreichtum der Region sichern und Sehenswürdigkeiten sind.

1934: Bau des Turms von Botrange.

1940: Das Deutsche Reich annektiert die Kantone Eupen, Malmedy und St. Vith.

1944: Während der Ardennenoffensive wird die Region militärisch überrollt: Nachdem die Alliierten im Oktober 1944 das gesamte ostbelgische Gebiet bis zum Westwall erobert hatten, beginnt am 16. Dezember 1944 zwischen Monschau im Norden und dem luxemburgischen Echternach im Süden die deutsche Gegenoffensive. Am 22. Dezember bleibt der Vorstoß der deutschen Wehrmacht bei Celle, sechs Kilometer vor Dinant an der Maas, stecken. Einige Orte wie St. Vith werden fast völlig zerstört. Auch Malmedy wird schwer beschädigt. Hier geraten amerikanische Soldaten in einen deutschen Hinterhalt und werden erschossen. Das Denkmal in Baugnez bei Malmedy erinnert daran. Es wird von Kriegsveteranen und ihren Angehörigen häufig besucht.
Insgesamt halten mehr als 15 Mahnmale zwischen Henri-Chapelle und Vielsalm die Erinnerung an die Greuel der Ardennenoffensive wach.
Die 1704 erbaute Kapelle in Rocherath wurde 1907 durch ein großes Gotteshaus ersetzt, das im Winter 1944/45 zum Symbol der mörderischen und zerstörerischen Frontkämpfe in und um Rocherath-Krinkelt wurde. An Stelle der alten Kirche wurde 1953 die heutige Pfarrkirche errichtet.

1945: Belgien übernimmt wieder die Verwaltung der drei Kantone Eupen, Malmedy und St. Vith.

1947: Das Hohe Venn wird wissenschaftlich unter die Lupe genommen. Federführend ist die Universität Lüttich.

1957: Das Hochmoor wird Naturreservat.

1963: Die belgische Sprachengesetzgebung richtet ein deutsches Sprachgebiet ein; Malmedy und sein Umland werden dem französischen Sprachgebiet zugeteilt.

1970–1973: Kulturgemeinschaften werden eingerichtet: Malmedy und sein Umland zählen zur französischen Kulturgemeinschaft; die Gemeinden des Eupener Landes und der Eifel bilden die deutsche Kulturgemeinschaft.

1971: Einrichtung des Naturparks Hohes Venn-Eifel. Sehenswert ist das Naturparkzentrum Botrange. Hier wird über die wertvolle Landschaft und ihre Schönheiten informiert.

1972: Bau der Autobahn A 27 Verviers–Prüm, die die Kantone Malmedy und St. Vith durchquert.

1975: Der Belgische Rundfunk sendet erstmals aus Eupen; zwei Jahre später wird er autonom.

1976: Gründung der Euregio Maas-Rhein, der auch die belgischen Ostkantone angehören.

1983–1984: Die deutsche Kulturgemeinschaft wandelt sich zur „Deutschsprachigen Gemeinschaft Belgiens". Mitglieder sind die Städte und Gemeinden Amel, Büllingen, Bütgenbach, Burg Reuland, Eupen, Kelmis (La Calamine), Lontzen, Raeren und St. Vith. Regierung und Rat der Deutschsprachigen Gemeinschaft residieren in Eupen.

Die Stadt Malmedy und Weismes (Waimes) zählen zur französischen Gemeinschaft Belgiens. Alle elf Gemeinden bilden die belgischen Ostkantone.

1984: In Eupen wird ein Bahnhof gebaut: Nach 25 Jahren erhält die Deutschsprachige Gemeinschaft wieder Anschluss an das Personenverkehrsnetz der belgischen Staatsbahnen.

1985: Das deutsche Sprachgebiet erhält einen eigenen Gerichtsbezirk. Eupen ist Sitz eines Gerichts erster Instanz.

1994: Die Deutschsprachige Gemeinschaft wird EU-Wahlbezirk.

TIPP! Das Verkehrsamt der Ostkantone hat eine Broschüre veröffentlicht, die unter dem Titel „Spurensuche: Geschichte heute erleben" über die wichtigsten Stationen der Vergangenheit Ostbelgiens informiert.

Sie kann bezogen werden über:
Verkehrsamt der Ostkantone
Mühlenbachstr. 2
4780 St. Vith
PB 66
Tel.: 0032(0)80-227664.

Der Fortschritt rollt über Felder und Wiesen: Altes Eisenbahnviadukt in Born bei Amel

Ein Bildhauer namens
Natur: Winterlandschaft
bei Burg-Reuland

Ein Häuschen in Ostbelgien ...: Verschneites Dachfenster in Sourbrodt

Blick in eine sonnige Zukunft? Jungen in Malmedy

LITERATURVERZEICHNIS

Unterwegs in Eifel und Ardennen, Christoph Becker & Karin Besel, GEV 1996 (ISBN 90-5433-060-0)

Vaters Land und Mutters Erde, Jochen Arlt und Manfred Lang (Hg.), Eifel-Lesebuch, Rhein-Eifel-Mosel-Verlag 1989 (ISBN 3-924182-15-9)

Johann Joseph Couven – Mythos und Erbe eines großen Meisters, Marcel Bauer & Gregor Collienne, GEV 2005 (ISBN 90-5433-134-8)

Grünes Land – Unterwegs in Ostbelgien, Freddy Derwahl, GEV (ISBN 90-5433-016-3)

Eifeler Bräuche, Rolf Dettmann/Matthias Weber, J. P. Bachem Verlag, Köln 1981 (ISBN 3-7616-0570-6)

Aachen und Eupen unter dem Eisernen Kanzler, Viktor Gielen, GEV

Eupen im Kaiserreich, Viktor Gielen, GEV

Unterwegs im kulinarischen Osten Belgiens – Restaurants zum Verführen, Franz-Josef Heinen, GEV (ISBN 90-5433-175-5)

Zwischen Göhl und Weser, Leo Kever & Erich Barth, Grenz-Echo-Verlag

Unterwegs in Ostbelgien & Umgebung, Bruni Mahlberg-Gräper, GEV 2001 (ISBN 90-5433-147-X)

Das Hohe Venn von A–Z, Günter Metz, GEV

Landschaft ohne Grenzen: Eifel – Ardennen, Naturfreunde Internationale (Hg.), J. P. Bachem Verlag, Köln 1993 (ISBN 3-7616-1131-5)

Leben in Babel – Eine Lesereise durch die belgische Seele, Marion Schmitz-Reiners (Hg.), GEV 2003 (ISBN 90-5433-176-3)

Hinter Hecken – Momentaufnahmen aus der Eifel, Peter Stollenwerk, GEV 2001 (ISBN 90-5433-100-3)

Ostbelgien. Menschen, Landschaft, Kultur, Brauchtum, Guido Thomé (Hg.), GEV 2001 (ISBN 90-5433-146-1)

Das Kreuz im Venn, Clara Viebig, Moewig 1988 (ISBN 3-8118-2550-X)

Die Eifel in der Literatur, Josef Zierden, Geschichtsverein Prümer Land

Die Eifel 1888 – 1988, Eifelverein, Düren 1994 (ISBN 3-921805-17-1)

Gastro-Euregio-Guide, 2004/2005, Grenz-Echo-Verlag, Eupen 2004

Im Osten viel Neues – Bilder und Texte aus Ostbelgien, GEV (ISBN 90-5433-073-3)

Wer bist du? – Neue Blicke auf Ostbelgien, Adrian Küchenberg (Hg.), GEV (ISBN 90-5433-177-1)

Zwischen Hammer und Amboss – Erfahrungen einer Grenzbevölkerung, GEV (ISBN 90-5433-075-9).

Schweigende Wächter im Hohen Venn: Sechs Buchen nahe Hockai

*Weite Wälder
voller Schwermut:
Fichten im Abendlicht*

Es glitzert auf Ästen
Zapfen, Sträuchern
Wintertraum in Büllinger

Grenzenlose Neugier:
Pferde auf einer Wiese
bei Mirfeld nahe Amel

Weiße Pracht unter dem Blau eines kalten Himmels: Winter in Burg-Reuland

www.gev.be
buchverlag@grenzecho.be

Gesamtkoordination und Konzept: GEV (Grenz-Echo Verlag), Eupen
Lektorat: René Zey, Frechen
Lithographie: Cito Communication GmbH, Eupen
Druck und Bindung: Grenz-Echo printing, Vervierser Straße 97,
4700 Eupen (B)
www.grenzecho.be

ISBN 90-5433-214-X
D/2006/3071/4

Printed in Belgium